人生困惑問莊子

第二部 工作的藝術及其他

傅佩榮 著

自序

莊子與現代人生

莊子是一位哲學家。

哲學是對人生經驗做全面的反省，再就「人與自我、與他人、與自然界、與超越界」這四方面提出完整的說明，由此展現理想的人生是怎麼回事。

依此為標準，則儒家與道家是典型的哲學，而孔子、孟子，以及老子、莊子，就是真正的哲學家了。哲學家不可能脫離他個人生活的時代與社會，但是他的思想必定蘊涵某些永恆的理念，足以啟發一代又一代的愛智之士。

我在中年以後，特別喜歡《莊子》一書，不僅百讀不厭，並且每讀必有收穫。譬如，他的「鯤鵬」寓言除了讓人開拓心胸，騁其遐思而化解煩惱之外，還揭示了人的生命有一種不凡的嚮往，可以提升轉化到與天地同大的境界。又如，他的「魚樂」辯論能夠勝過對手，並非如一般注疏家所謂的憑藉「體驗萬物」，而是因為他指出對手提問時的自相矛盾。這其中固然充滿了學術探討的趣味，更可貴的是：莊子思想所輻射出的深度、廣度與高度，無不讓人驚艷。

依我所見，莊子思想展現四種作用，就是：上承老子，下啟禪宗，針砭儒家，會通西方。首先，老子是道家的創始者，而莊子在〈大宗師〉篇有關「道」以及悟道的「真人」所作的描述，足以證明他得到了老子的真傳。其次，莊子有些寓言讀來像是禪宗公案，都是要隨機點化眾生的執著，助人覺悟自性，只是莊子並無佛教的框架，所以更顯靈動活潑。然後，莊子是儒家的諍友，一眼看穿孔子的悲願與抱負，但又感嘆其後學只知「外化」與社會妥協，而不明白「內不化」的可貴奧義。最後，所謂「會通西方」，是指莊子多次讚美古人的至高智慧是了解「未始有物」，這與西方哲學家一再探問「為何是有而不是無?」正有異曲同工之妙。

因此，像莊子這樣的全方位哲學家，在聽到現代人提問請教時，會如何回應呢？他的答案對我們又有多大的參考價值呢？當我們在考慮「要不要求名？爭還是不爭？職場如何相處？工作有樂趣嗎？孝順有何境界？如何教育孩子？算命與迷信有何問題？」這些難題時，如果能與莊子一起磋商，聽聽他的想法，不是一件讓人期待的美事嗎？這些是本書第二部的七大主題。

《人生困惑問莊子》的初稿是我於二〇〇七年在上海電視台「文化中國」欄目所作的專訪節目內容。節目主持人所設定的問題，現在改寫為每一章的前言，可以引發讀者繼續閱讀的興趣，而內文則是我多年研習莊子的心得。有關引文及其白話譯文，請參考立緒版的《莊子解讀：新世紀繼往開來的思想經典》與天下文化版的《逍遙之樂：傅佩榮談莊子》二書。且讓我們一起品味莊子的智慧盛宴。

傅佩榮

二〇一三年八月五日於台北

目錄

第四講

工作的藝術

・當我們投入一個工作，首先應該具備什麼條件，或者該先做什麼？

・在確定一個合適的目標時，我們該如何提升自己的能力來達成這個目標？

・設定一個目標必須仰賴我們自己的感覺，莊子能給我們什麼建議，讓我們可以做到最好？

・人要如何才能讓自己專注於工作，是不是得一開始就喜歡自己的工作才行？

・在莊子看來，如何才能將工作變成一種藝術？

第七講

書與智慧及孩子的教育問題

- 莊子是個崇尚讀書的人嗎？
- 莊子說「吾生也有涯，而知也無涯，以有涯隨無涯，殆已」，是不是一種消極態度？
- 莊子如何教育孩子，他的教育觀點為何？
- 父母想讓孩子快樂，該怎麼做？
- 莊子認為教育的根本在哪裡？

第一講

莫為名所累

・現代人追逐名聲，莊子怎麼評價這種價值觀？

・對於在現實中看重名聲、追逐名聲的人，莊子能夠提供什麼建議？

・講究氣節，是不是也算「求名」？莊子怎麼看待這樣的事？

・身為名人，便有名人的煩惱，如何看待「名」才能自得自在？

乾隆皇帝下江南的時候，這一天來到了鎮江金山寺，他問當時寺中的禪宗高師法磐：每天長江上的船隻來來往往，一天大概要經過多少條船啊？法磐答道：一條為「名」，一條為「利」，長江往來的無非就是這兩條船。聽完這個故事，再來思考我們的當代生活，每天上下班，高架橋上滿滿的車陣，地鐵裡永遠都擁擠得像沙丁魚，奔波的人們面對名利場，究竟該何去何從呢？

◎談過「利」之後*，我們再來說說「名」。張愛玲在《傳奇》一書再版序言中曾說過這麼一句話：「出名要趁早。」這似乎也是在給這些少男少女一種鼓勵。現在有大量標榜偶像的選秀節目，青年男女便趨之若鶩。您身邊有沒有一些人特別看重「名」，總是想一舉成名？

肯定有這樣的人，主要是看在哪一個領域。比較常見的是歌星、明星和運

動員，畢竟，他們的專長在尋常人裡很容易就可以凸顯出來。與之相較，在學術界要出名就不太容易，因為還有輩分、關係等變因，只能慢慢來。如果在某一個行業裡出名，那倒還算是正當的名。

人在年輕的時候，總是很希望可以找到自己認同的偶像，當然最好是自己剛好就能變成偶像，如果有管道就應該全力以赴，像我們提到的選秀節目，若經過客觀的公平競爭，想要脫穎而出，也是需要有本事的。然而，如果成名之後，無法按照一種正常的方式來過生活，或者成名後整個生活都被扭曲了，那就會有很大的差別。張愛玲當時這麼說，是基於怎樣的背景和話語脈絡，我並不清楚，但是「出名要趁早」，更深刻的意涵其實在揭示人生有限，時間非常可貴；你若是太晚出名的話，前面所付的代價就會相對地大。因為成名的生活往往不能隨心所欲，出名之後，某一方面也算是定了型，也是一個領域的代

註：見《人生困惑問莊子》（第一部），第四講：風險與利益及義。

表人物了：現在該我上臺，看我表演了。在這個時候你會覺得，因為自己出了名，便有更多的機會可以好好發揮所長。

但問題在於，有些人出了名卻後繼無力。我們常常看到很多運動員在年輕時，曾經參加一種比賽，揚名立萬了，從此以後，別人都只會記得他小時候這件事，往後一輩子，也就只能活在自己早期有名的巨大陰影裡。一旦「趁早出名」是這樣的情況，這當中的差異便值得我們好好去思考。

◎如果一個人一輩子追求好名聲，或許還能算是值得鼓勵的事。要命的是，古語有云：不能流芳百世，就要遺臭萬年。不留好名，也要留個惡名；只要出名，不管什麼名都可以。國外便經常有這樣的案例，曾有報導指出，美國總統雷根遇刺一事，據說是該名刺客特別迷戀影星茱迪・福斯特，為了引起她的注意，所以決定刺殺雷根。

這是一種出於偏差心態的行為，這樣的人通常是為了出名而出名，出名之後要做什麼卻沒能好好想清楚；出名後，能不能達到原來的目的，他也沒有真正的把握，這就很麻煩了。

刺殺美國總統雷根這件事讓我想起自己的經歷。事件發生時，我正好在耶魯大學唸書，跟茱迪·福斯特同校。當時全校也特別警戒，很多家長甚至連夜把小孩給接了回去，因為住宿看來很危險，或許有個人會進入校園丟炸彈，只為引起茱迪·福斯特的注意。我對這個事件的印象實在非常深刻。

後來我們都知道，這個人被關進精神病院，雖然沒有受到其他懲罰，但精神病院一住就是幾十年，也不好過啊。要是這種傳聞是真的，我們只能說雷根總統被刺殺得太冤枉了，就因為刺客想讓茱迪·福斯特注意到自己，說自己不是「nobody」，而是「somebody」。外國人很喜歡這樣的論調，「nobody」就是指無名無姓、無名小卒，「somebody」就是：我上了頭條，是個知名人物了。但上了頭條後，茱迪·福斯特難道真的就會理會你了嗎？一心一意只為出名，卻忘記出名是為了什麼，只為出名而出名，不過是偏執的念頭罷了。

《論語》裡，孔子說過兩句話，其中一句話是：「君子疾沒世而名不稱焉」，君子非常受不了自己死後沒有在世上留下任何聲名。所以有人批評儒家，認為孔子過度重視聲名，一路直到莊子還是抱持批評的態度，說一般人重利，學者與讀書人汲汲營營、碌碌追求，不過想讓自己的名字流芳萬古。但其實另一句話才是孔子真正的意思，他說：「君子去仁，惡乎成名」，君子一旦悖離了做人處世的正道，憑什麼出名呢？可見，儒家的出名是要求好名聲，也就是透過行仁，對蒼生有所貢獻，這時出的名是好的名，更是正當的名。

但後人不管這麼多，有人孜孜以求功名，純粹認定一旦奪取了功名，便可以光宗耀祖。在中國傳統文化中，光宗耀祖這件事被認為至關重要，對文人來說尤其如此。一面想光宗耀祖，另一面想蔭及子孫，不讓子孫為難。孟子曾說：周幽王、周厲王兩人被稱作幽、厲，「幽」代表黑暗，是昏君；「厲」代表殘酷，是暴君。那麼，後代就算有一百代的孝子賢孫，恐怕也都不能改變祖先的罵名了。

歷史上有些留了壞名聲的人，他們的後代確實過得不太舒服，秦檜的後代甚至寫了詩，宣稱不願認這個祖先；明朝奸臣嚴嵩的後人也想盡一切辦法，希望能夠把祖先的負面形象顛覆過來。相反的，有些人雖然作惡，但籍籍無名、默默無聞，子孫反而可以逃過一劫。所以，一個人行事前，應該想到自己不讓後代子孫為難；相反的，一個人只要做得好，光宗耀祖，祖先也會因此沾光。

建立了這樣的觀念，其實也不見得是壞事，會讓一個人更願意在社會上自我約束，為了追求好的名聲，就要做好人、做好事，這很難得，也比較具有正面的效果。

◎對於追求功名這一點，對於每個在現實中看重名聲、追逐名聲的人，莊子能夠提供什麼建議？

莊子在〈逍遙遊〉裡提到一個故事。堯想把天下讓給他的老師許由，他說：「日月出矣，而爝火不息，其於光也，不亦難乎……夫子立而天下治，而我猶尸之。吾自視缺然，請致天下。」日月都出來了，燭火卻還不熄滅，靠燭火來光照世界，不是很困難嗎？先生一旦即位，天下立刻大治，而卻我還占著這個位子。我自覺能力不夠，請允許我把天下讓給你。堯要許由當天子，許由怎麼說？他說：「吾將為名乎？名者，實之賓也，吾將為賓乎？」意為，難道我想當天子嗎？天子只是一個名聲，重要的是實質，所以我要的是實質而不是名聲。連天子這個天下大名許由都不要，那他要什麼呢？要一個人真實的生活。

所以，莊子強調「名者，實之賓也」，「名」是客人，「實」才是主人，人應該以務「實」為主。譬如，生活過得是否安逸？你對自己的現狀是不是滿意？再多的名利都是外在的，自我內在對於名利的態度才重要。有些人為利所困，有些人則為名所擾，到最後，很可能因為有了名，就必須設法擺出讓別人肯定的一種形象與裝點。

關於胡適有一件很有趣的事。據說任何人找胡適先生的時就會發現，任何時候他來開門都是穿西裝、打領帶的，為什麼呢？因為他的形象很好，名聲也不錯。大概他心裡想，在家裡也要隨時準備好，一旦有人按門鈴，一出門便西裝筆挺，才合乎自己的聲名。

說實在，我覺得這樣活著特別辛苦。在家裡當然要自在，穿睡衣或是穿運動服其實都無所謂。如果連居家都得穿西裝、打領帶，就代表胡適對自己的聲名很愛惜。當然，也可以說他這麼做是基於尊重客人的考量，但我們還是覺得人有了名之後，接著就要更妥善地照顧自己的形象，相對也會帶來一種壓力，這是不能否認的事實。

另一個關於名實的寓言也非常有趣，那就是〈盜跖〉篇中孔子見盜跖的一段資料。盜跖的故事非常複雜，當然也是莊子自己編造的情節。孔子有個朋友叫柳下惠，是有名的賢人，他的弟弟叫盜跖，跖是他的本名，因為當了大強盜，天下人就叫他盜跖。孔子對柳下惠說，先生是當代的才士，弟弟卻成為天下的禍害，先生不能把自己的弟弟教好，我私下為先生覺得羞愧，想代替你勸說他。柳下惠很誠實，他說很抱歉，這個弟弟我教不了，同時也說他這個弟弟的特色是「心如湧泉，意如飄風」，因為太聰慧，心如湧泉，心思沒有人可以掌握得住；意如飄風，念頭跟飄風一樣。

柳下惠把自己的弟弟形容得可神了，他反過來勸說孔子打消念頭，說自己這個弟弟惹不得。但孔子認為自己非去不可，於是帶了幾個學生到盜跖所在山寨的山腳下，找人通報：魯國孔丘求見將軍。盜跖聽到孔子來，立刻破口大罵，說孔子是最虛偽的人，當然拒絕接見。孔子再三請求說：我是拿著你哥哥的名片來的。最後盜跖勉強接見。見面後，盜跖講了一番道理，講得真是精彩，簡直把儒家挖苦得無地自容。他說，孔子你教誨人要追求好的名聲，包括忠孝仁義等，但所有聽你話的人都死於非命，像子路當年在衛國被人家給剁成了肉醬。子路本是一位勇士，受業於孔子後，配劍也拿了下來，武士服裝換成了儒服，去衛國幫忙，結果卻遭遇險難，聽了孔子的話而被殺，只為了追求一個儒者的名聲。此外，孔子自己在陳、蔡之間，七天都沒開火燒飯，也是因為好名；尾生講信用，跟女孩子約會，約了在橋下就絕不上橋，最後洪水來，他抱著柱子被淹死了，守信諾也是為了博取善名。盜跖舉了一連串的例子，包括伯夷、叔齊餓死於首陽山，子胥沉江，比干剖心等等。孔子本來希望他別當強盜，去當個諸侯，跟各諸侯國建立關係、好好相處以避免戰爭。孔子一番好心卻苦勸無用，盜跖說，我聽你勸告，將來頂多像堯、舜、禹等人；但是堯不慈愛，舜不孝順，禹半身不遂，湯放逐君主，武王討伐紂王，文王被囚禁在羑里。禹治理洪水，八年在外，三過其門而不入，累到大腿幾乎不長肉，小腿沒有毛，最後患了風濕症、半身不遂。不只如此，每個孔子推崇的古代賢達盛名之人，在盜跖口中都變得非常不堪。

這些話說得孔子啞口無言，盜跖接著又說，別人叫我盜跖是叫錯了，應該叫你孔子為「盜丘」，因為你欺世盜名。說實在的，歷來對於孔子的批評中，這一段可說是最嚴厲的；也就是因為這段話，後代學者一直到蘇東坡等人，都說〈盜跖〉篇是假的，莊子不會那麼兇悍，對孔子會有基本的尊重，不會如此傷害甚至冒瀆儒家。司馬遷看到這一段，也認為是莊子特意針對儒家。其實，有時候我們要理解，莊子看待問題會同時從正、反兩面去詮釋。面對人生問題，如果只看到其中一面，往往就會偏頗、變成一面倒。

盜跖有一段話說得很好，他說人活在世界上，上壽一百，中壽八十，下壽六十，但一生中除了生病、憂患以外，一個月裡能夠笑的時間也才不過四、五天。一個月三十天，只有四、五天能開口笑，這樣一來，人生還有什麼樂趣呢？孔子你卻還來教訓我，要我克己復禮，我都已經夠累了。所以，他講得孔子一句話都答不上來，最後只好倉皇下山，上馬車後，手上拿的韁繩還三次掉在地上，悵然若失，不知道如何是好。孔子回到魯國，在路上碰到了柳下惠，柳下惠問孔子，這幾天不見你，去哪兒了？他看孔子失魂落魄的模樣，便問他是不是去找了自己那個弟弟？孔子說，是的，我入虎穴，撩虎頭，捋虎鬚，也

差一點被吞入虎口。

這個故事說明，儒家所立的價值其實是相對的。如果人努力讓自己符合所謂忠孝仁義這類好的名聲，外在如此，內心卻不見得願意，一旦符合這些倫理律則，得到了某些名聲，相對也會有後遺症，到最後恐怕是死於非命或是將身體搞壞。儒家很多想法原本是好心，到了莊子那個時代卻變質了。說實在的，這也是歷史的悲劇，孔子一死，儒家分為八派，八派學生傳下去後，後面的韓非子怎麼批評儒家呢？韓非子用「賤儒」一語來批評儒家。

為何說儒家卑賤？為何儒家會遭受這麼多批評，後來儒家的問題出在哪裡呢？因為他們認為儒家是知識分子，掌握了社會上的重要資源，但卻利用資源來圖謀個人利益。儒家受批評有一連串的資料，多得不得了。譬如說，孔子過世後不久，很多孔子的學生還是依循老師的教誨來替別人辦喪事。辦喪事本來是高尚職業，但後來的墨家就把儒家批評得非常不堪，說他們聽到有錢人死了就會很興奮，因為吃飯的機會來了。可見不只莊子，就連墨家也批評儒家，因為墨家主張節葬、薄葬，不提倡鋪張與浪費。

儒家為什麼會飽受批評呢？與我們談到的「名」有無法迴避的關係。儒家本來是好意，他希望你名實相符、名分相襯，君君臣臣、父父子子；但後世的儒家做不到，做不到卻又要掛在嘴上說，最後言行脫節，內外不一致，表裡乖違，反倒成了虛偽。這實在是冤枉，因為儒家其實最反對虛偽。儒家思想用兩個字來說就是「真誠」。孔孟認為，人要表現自我的真誠，才能引發內在的力量，去做該做的事。道德價值應該由內而發，但後人修養不夠、德行太差，所以往往無法做到，以致最後名實不符。莊子專門對付這種人，他說，喊口號喊得很大聲卻沒有做到，最後沽名牟利，追求的盡是身外之物，實在是歷史悲劇。

◎其實，有些人求名是為了最後能得利，除了想以名換利的人之外，有些人求名是想求一世清名，哪怕把所有的財貨拿來換取名都願意。歷史上許多講究氣節的人，是不是就屬於這一種求名？

最有名的例子就是伯夷、叔齊了。伯夷、叔齊是兩兄弟，不當國君就離開自己的國家——孤竹國，移居到周武王的屬地。時值武王革命，他們便說不該革命，商朝統治六百多年，大家都習慣也接受了，武王這麼做等於是造反。武王卻認為必須替老百姓設想，加上他的父親周文王被商紂整得死去活來，更加深他革命的堅定意志。周武王革命成功後，伯夷、叔齊便不再吃周朝的食物。這就是伯夷、叔齊「不食周粟」的典故，最後伯夷、叔齊餓死於首陽山。這兩人的事跡一直被儒家推崇，因為這種情操確實有其偉大的一面，不只儒家，司馬遷寫《史記》也將〈伯夷列傳〉置於列傳之首，文中有一句話問得好，像伯夷、叔齊這樣的人死於非命，難道還有天道嗎？我們常說「天道寧論」，司馬遷寫到這個地方還忍不住談及顏淵，認為德行如此完善的人卻不幸短命。我們可以肯定伯夷、叔齊的「名」是沒有問題的，孟子後來也大力稱讚。

由此可見，人活在世界上，名可以是虛名，但有時它會變成一種名教，成為一種人類社會的規範，甚至成為普世價值讓人遵循，如此道德的實踐才能彰顯其價值；否則，若完全不分忠臣、奸臣，不辨君子、小人，沒了這些名，年輕人的成長過程中根本找不到任何典範可以學習、仿效，也會是個社會問題。

◎莊子如何看待為求一世英名或清名而最終殉節的人呢？

莊子基本上是反對這種做法的。他認為，人可以擁有名聲，但如果為追求名聲而傷害了自己的生命，譬如一輩子過得太辛苦，甚至犧牲了生命，其實是沒有必要的。為什麼沒必要呢？因為，你犧牲了生命保全某種名聲，是要給誰看呢？給以後的年輕人看？但以後的年輕人如果依循你的經驗來做選擇，說不定又為了名聲，忘記自己生命的真正價值。名利是一種社會的產物，一旦脫離了社會，根本就沒有名利問題。我記得，十幾年前我到荷蘭教書，一到荷蘭，我一個人走在街上便感到無比快樂，為什麼呢？因為滿街沒人認識我。我在臺北有時坐捷運，難得打起瞌睡，別人一叫我「傅教授」，我都會嚇一跳，心想，居然連打瞌睡也要被人叫醒。我在荷蘭那一年非常輕鬆，一個人在那邊單純地教書與研究，走在街上沒有人會認出我，那種感覺非常自在。直到那時候，我才真正明白莊子確實有他的道理。

人在社會上接受太多的名聲與利益，確實會感覺束縛，那就是我們平常說的名韁利鎖把你給捆住了。一旦突然發現沒人認識你，那種解脫感就像是回到母親的懷抱，感覺自己像個嬰兒一樣。

如果你已經是名人，在今天媒體如此發達的時代，我想也不可能有什麼方法可以避免名聲帶來的影響，因為你有名已經無可轉圜了。怎麼辦呢？只能逆來順受，把名也當成一種既成事實。莊子思想的可貴之處在於，如果已經達到某種情況，就不該也不要去勉強。

他在〈讓王〉篇提到一個魏國的王子想隱居，卻又想繼續享受榮華富貴，莊子便說，你不要勉強。就這四個字：不要勉強。如果知道自己放不下，就不要勉強自己放下，放不下卻想刻意放下，最後只會變成左右兩難，自己內在的煎熬也會受不了。如果對俗世還不能忘情，一旦擁有了某種名聲，就該試著接受它、瞭解它，再設法不要太在意它。另外，如果從前有些人的名聲比你低，現在都超越你了，認識你的人越來越少，因為一旦慢慢退出角逐，到最後恐怕會有一點失落，這就說明你還沒有放下。可取的方法是：不要針對名聲下工夫，不要思考成名與否，要設法轉個彎，試著不把名當名看待，就可以對它處之泰然了。

莊子學問很好，但他不把學問當學問，而是把學問用在自己的生命裡，把它當作命定的。譬如，我生下來就是這個樣子，我小時候不知道為什麼書念得很好，念得好之後，現在想把學問去掉也不可能了。你跟別人一樣努力工作，工作表現好，剛好就出了名；出名之後，如果你反而想能不能不要出名？那只表示你又被名所困了，所以，要接受這個出名的事實，就是不要把它當一回事，一定記得要平易近人，多跟別人互動。其實，名給人帶來的困擾往往在於「姿態」。一旦成為名人，有了名人的姿態，不但對別人來說難以親近，自己也不會太好過。

英國的戴安娜王妃在發生車禍前曾講過一段話，她說，我寧可自己是一個普通人，沒有狗仔隊在身後追逐，可以過上普通人過的生活，可以想逛街就逛街、想購物就購物，沒有人認出我也沒有人管我，那可真是幸福啊！很多人在這種情況下都會羨慕別人，其實，有時要學會換位思考。任何事情都要看兩個面向，絕對沒有任何一個位置「一面倒」都好，你如果獲取了其中一面的利益，另一面就得要付出其他代價，名聲亦如是。

◎身為名人，便有所謂名人的煩惱，是不是都對名聲太過執著了？

我覺得獲得了名還想什麼都要，那是不務實的。一旦有名，可能同時就會丟失一些其他東西。即使成名了，還能把自己當成普通人，這一點其實很可貴。

有一點我總是會設法做到：我上街都穿普通的服裝，只有上節目我才穿西裝、打領帶。別人只看過我在節目上穿西裝、打領帶的樣子，平常在街上很難認得出來。有時候，別人見到我會問，你是那個誰誰誰？我說，你弄錯了。因為我已經設法在服裝上與普通人一樣了。

卓別林有個故事非常有趣。有一次，卓別林看到一個告示，說有個地方要舉辦模仿卓別林的比賽，他心想，居然拿我當模仿的對象，我可要去看看。於是他也參加了比賽，結果只在比賽裡拿到第三名。還有兩個人比他更像卓別林呢！

名不能離開一個固定的社會，在社會上，名有一定的範圍，如果一個人在社會上誰都知道、誰都認識，就得記得一個原則：取之於社會，用之於社會。譬如，慈善活動讓知名的人物出來提倡，效果總是特別好，所以，名人要懂得善用名的作用。西方有一種名人文化即是舉辦各種慈善晚會，讓名人來提倡公益，這時的名人就很可愛。名人做一些事業，若以他的名氣來作號召是可以的；但如果太在乎名，名就會變成一種束縛，恐怕只會形成壓力。莊子的立場是，不要把名當名，而是要把它當作身外之物，無論有或沒有，都不會對個人與日常生活造成實際的影響；能做到這點，就可以說是「既有名的事實，又不受名的事實所困」，如此才是最理想的狀態。

◎ **儒家認為立功名是人生奮鬥的方向，但莊子不太贊成個人為了功名拚死拚活，如果我們不追求功名，是否就會變得不思進取，人生也失去了方向？**

我想，莊子應該會說：還是要尊重社會的遊戲規則。處在社會上，你若是人才，就該表現你自己的專長，為社會做出貢獻，名來或名去都不要太在意。在〈應帝王〉篇，最高境界的至人「用心若鏡」——心就像一面鏡子，就如佛學高僧，即使極富盛名，修為也很了不起，但從來不在意。莊子說，名非我所有，身體非我所有，所有的一切都非我所有，一切都是自然而然形成的，如果該我出來，我就出來；該我說話，我就說話。他喜歡把自己比喻為：風吹過來，葉子就飄起來；風停下來，葉子自然也停下來。出名時不要太在意，名聲過時了，被別人忘記了，也要能夠放得下，這才是合適的態度。

然而，莊子的思想比較適合成熟的人，如果你希望一個中學生學習莊子不好名。他或許會說：幹嘛考試呢？幹嘛考大學呢？幹嘛出名呢？那可就糟糕了。關於人生的總總困惑，青少年或許聽聽即可，等將來成年進入社會，可以再多想一想。

◎有個人想在牆上掛一幅畫，找來了錘子、釘子，一釘，牆上吃不住釘子。別人告訴他，在牆上先打個木楔子，釘在木楔子上面，這樣釘子就夠牢了。於是，他便放下釘子找木頭，找著了又發現木頭太大不適合；於是再去找斧，找著了斧又發現斧少了手柄，

遂又去找手柄；就這樣反反覆覆，等到他把所有東西都湊齊，早已忘記自己要幹嘛了。我們處在名利場當中，是不是也常有這種暈頭轉向的情況出現，所以才會心生煩惱？莊子能夠帶給我們一條怎樣的出路？

這使我聯想到金庸小說裡的西毒歐陽鋒。歐陽鋒練功練出了差錯，走火入魔，忘了自己是誰，於是到處找人問：我是誰？我是誰？黃蓉跟他說：你是歐陽鋒。他接著問：歐陽鋒是誰？從金庸這個故事我們可以知道，名其實是身外之物，當你患了健忘症、老年癡呆症，根本就不會知道哪一個名字代表誰。人這一生活在世上，做夢的時候，會記得自己是張三或李四嗎？其實都忘了。莊子思想就是讓我們對名實有更清醒的認識，莊子絕對沒有反社會傾向，他對於社會是尊重的。我們學莊子要切記，不要認為莊子批評儒家，儒家講名，他就說名不好；儒家講利，他就說利不好。莊子不至於如此，他是非常隨順且豁達的。青少年時期要確立人生的方向，要追求好的功名，一輩子努力奮鬥，對社會也有所助益；但到了中年如果還放不下或看不開，恐怕名就會變成困擾，讓自己的生活非常外在化，完全只注意別人怎麼看自己，自己又應該有什麼表現，如果只知遵照別人的眼光來生活，那樣就很累了。這時，我們就要試著轉個彎思考，設法把這些都放下。每個人追求名聲或為名所困時，不妨停下來好好思考莊子的人生哲學，或許會讓自己活得比較自在。

延伸閱讀

1.《莊子・盜跖》

今吾告子以人之情，目欲視色，耳欲聽聲，口欲察味，志氣欲盈。人上壽百歲，中壽八十，下壽六十，除病瘦死喪憂患，其中開口而笑著，一月之中不過四五日而已矣。天與地無窮，人死者有時，操有時之具，而託於無窮之間，忽然無異騏驥之馳過隙也。不能說其志意、養其壽命者，皆非通道者也。

2.

《莊子・逍遙遊》

日月出矣，而爝火不息，其於光也，不亦難乎……

夫子立而天下治，而我猶尸之。吾自視缺然，請致天下。

吾將為名乎？名者，實之賓也，吾將為賓乎？

鷦鷯巢於深林，不過一枝；

偃鼠飲河，不過滿腹。

第二講

爭與不爭

- 莊子如何看待語言及爭辯？
- 莊子認為辯論有必要嗎？
- 如果遇到爭論的事端，莊子會建議我們針鋒相對，抑或選擇沉默？
- 莊子與惠施兩人經典的「濠梁之辯」說明了什麼？

在生活中，有些人特別喜歡和人唱反調：人家說元宵是白的，他偏要說是黑的，元宵怎麼會是黑的呢？他說，這元宵是用黑米做的。人家說，饅頭是圓的，他硬說是方的，因為他們家都把饅頭切成方的。人家說煤球是黑的，他便說煤球是白的，他們家的煤球都刷上白灰。反正不管談什麼，他都要和別人有不同意見，為什麼就有這種人，老喜歡跟別人爭辯？爭辯到底應不應該？

◎人為什麼會起爭辯之心呢？

人作為萬物之靈，特色之一在於能夠說話，其他動物只能發出聲音，人卻可以組合聲音，藉以表達自己的觀念、情感及意願。笛卡兒說：「我思故我在」，但在人類社會裡，自我表達與闡述相形之下變得更重要，往往就會變成「我說故我在」，如果不說話，別人會當沒你這個人，也不會特別在乎你的所思所想。

有些人說話純粹只是為了抬槓；有些人是針對別人，想透過否定或貶低別人以抬高自己；有些人因為彼此意識形態不同，只能「雞同鴨講」，你說這個、他說那個，完全沒有共同的語言，也無法達成共識，即使雙方都存著好心，希望能改善社會，但提出來的說法沒有交集，也無法溝通。還有一種是學術爭論，學術爭論基本上具有較積極的意義，因為真理通常越辯越明。

純粹的辯論，在西方是一種古代藝術。古希臘時代有一個學派叫「辯士學派」，有時也譯為「智者學派」，學會辯論術便可以做官，因為競選時，口才好、說理清楚，就會被認定為具有真本事。事實上，有些人只是能說善道，說完就算了，選上之後就不管了。

我們分析一下：第一種爭辯是抬槓，其實抬槓也不見得是壞事。我十幾年前在荷蘭教書，就發現荷蘭人特別喜歡說話，當地有一個用來自我解嘲的故事：荷蘭地處北歐，冬天天氣嚴寒，有兩個人在門外聊天，聊著聊著才會感覺自己活著是有意思的，但其中一個人突然想上洗手間，他說，我要去一下洗手間，你可別停啊，繼續講，否則氣散了怎麼辦？兩個人抬槓，通常都是東拉西扯、天南地北地聊個不停，有時也是打發時間的一種方法。

第二種爭辯有點類似《論語》裡孔子學生子貢的情形。子貢口才非常好，是言語科的高材生，孔子說，子貢，你已經很好了嗎？我沒有那個心思去和別人做比較。因為子貢喜歡比較誰比誰要好，孔子才會特別這樣提點他。事實上，批評別人通常只是為了顯示「我比較超然，你們的毛病我都沒有」，說誰如何如何，就是想藉著貶低別人來抬高自己。人的自信如果只能憑藉說話來支撐，孔子是不太贊成的。所以孔子很討厭「佞者」，「佞者」指的就是說話口才非常好、巧言令色的人。

《論語》裡，孔子曾說過「巧言令色，鮮矣仁」，這句話怎麼解釋呢？我教了一輩子書，也常作演講，有時覺得自己巧言令色，總需要擺出一副很和藹的神色，話又得要說得非常動聽。後來我為這句話加了一個注解，因為孔子認為這種人少有真誠，所以每當我說話，總會特別提醒自己真誠。在儒家的基本精神裡，一個人只要真誠，什麼事都沒問題，即使我說話過當，別人也了解我是真誠、不帶惡意的。特意否定別人當然不對，但如果出自真誠的心與別人進行討論，那就像孔子說的「友直」，也就是朋友之間非常直爽、非常正直。有個成語叫「良師諍友」，「諍友」就是單刀直入地跟你說話、直來直往的朋友。所謂的「諍友」或「畏友」會讓我敬畏，因為一旦我犯了什麼錯，對方會立刻直接指正。事實上，有時若只是一味刻意討好地說話，反而很表面，也不能幫助對方發現問題，等到問題浮現，想挽救也來不及了。

至於第三種經驗，是談話沒有交集的情況，其實就是無效的溝通，對事情往往沒有任何幫助。

◎《莊子》中有沒有類似的辯論？

《莊子》中常提到一位惠施。惠施是當時先秦六大家之中的名家領袖。

「名」指的是言辭說話，作為名家的首席代表，惠施的口才特別好，他認為，天下沒有人能辯得過他，但遇到莊子卻屢戰屢敗，屢敗屢戰。

惠施擅於透過語言辯術與他人爭勝。在〈天下〉篇的資料中，他說，雞蛋裡面有毛。你說，今天早上我吃的荷包蛋裡好像沒有毛。他就問，為什麼孵出來的小雞身上有毛呢？這也對啊。所以他說，雞蛋裡面必然有毛，否則小雞為什麼會有毛？他又說，白狗是黑的。白狗怎麼會是黑的呢？他說，狗的眼珠子是黑的。就跟我們前言提及的那些說法一樣，予人的感覺就是詭辯之感。莊子怎麼對付像惠施這樣的人呢？

在《莊子》裡提到兩人辯論的記錄至少有三段，其中一段是「人是不是無情的」。莊子認為人可以有感情，但不該傷害自己的本心；惠施則認為，人一定要有情感，這是兩個人對於感情的定義不同。第二段是惠子認為莊子的言論都是無用的，莊子便回應他「無用之用，是為大用」。

舉個例子，假設我現在在一個城市裡，我認為宇宙那麼大對我無用，只有這個城市對我有用，因為我只在這裡工作，只需要到這個城市裡的銀行、郵局等地方。所以這裡對我有用，這裡以外的地方對我都無用。莊子聽了會質疑道，如果把其他地方都去掉，宇宙裡只剩這個城市，請問這個城市還有用嗎？你會待在這個城市裡工作，或許就是為了有一天能回鄉，一旦沒了家鄉，你在這城市工作還有什麼用呢？這裡的「有用」，必須相對於天下許多「無用」之處，才能使其「有用」成其為「有用」。一辯至此，惠施便無話可說了。

辯論有時很有意思，甚至還能成為一種表演，幾個人彼此舌戰，讓人看得津津有味。我自己曾指導一個辯論隊參賽，當時的辯論題目是「儒家思想能否抵抗西方的歪風」，在選手還沒抽籤確認自己是正方或反方之前，指導老師實在不知道該怎麼辯。

這其實是一件很困難的事，辯論的荒謬其實也正在於此。那晚我去了，幾個隊員都是高材生，法商學院的學生非常聰明，但他們對儒家思想不太熟悉，於是我跟他們說，若你們抽籤的結果是正方，便強調「儒家思想可以抵抗西方的歪風」，理由是如何如何；若抽到反方，便說儒家思想不能抵抗西方歪風，論據又是如何如何。講到最後，以己之矛攻己之盾，連我自己都覺得自相矛盾了。

◎這麼多辯論，莊子覺得到底有沒有必要？

基本上莊子是反對辯論的。為什麼呢？在〈齊物論〉中，他認為辯論沒有辦法找到真正超然的裁判。假設現在我們兩人辯論，我辯贏，真的就是我贏了嗎？你辯贏，真的就是你贏了嗎？如果我們找一個人當裁判，這個裁判既已贊成你，又怎麼能當裁判？他必然不是絕對平衡與公允，必然有他個人的見解，才會贊成你；同理，他如果贊成我也不適合當裁判；如果他同時反對我們兩人，兩方的說法他都反對，當什麼裁判呢？如果他同時贊成我們兩人，既贊成我也又贊成你，他又該怎麼做出最後的判斷呢？如此推衍下去，最後恐怕天下也就沒人可以當裁判了。辯論比賽裡所謂的評委，到最後也都會有自己的立場，所以大部分的辯論比賽，恐怕也只具有表演性質。

莊子認為說話會引起風波。一個人說的話，傳到後來通常都會走樣，最後大家就問：話是誰說的，當初原來的話真的是這樣嗎？原來說了話的人必然會否認，因為每一句話的背後，都有說話的語境及場景，當時不在現場的人轉述了原話，傳到最後變成怎樣其實非始料所能及，當然不能代表當初的原意。很多時候，蜚短流長的八卦新聞，傳到最後根本與實情是兩回事。所以，我們說話一定要小心謹慎，要盡量符合實際的情況。莊子說：「名者，實之賓。」其實說話也是一樣，說的話一定要有實實在在的證據，否則就變成自己的想像，想像往往自以為是，又希望能得到別人的認同，萬一別人不認同，當然也就容易產生各種不必要的爭論。

西方在古希臘時代的雅典有一些民主活動，因此也有許多關於爭論術的研究，有時候非常荒謬。舉些例子：現在簾幕後站了一個人，然後問你認不認識簾幕後的人？你沒有親眼看到人，當然不認識。你不認識是嗎？揭開簾幕，原來這個人是你哥哥。這證明你居然不認識自己的哥哥。又問，什麼叫「禿頭」？一根頭髮都沒有叫「禿頭」，還是禿到一個程度才稱為「禿頭」？這就是早期西方的爭論術，雖然有它一定的趣味，但也充分反映了話語糾纏的荒謬之處。

◎**在現實生活中，很多人會跟別人爭辯，如果兩個人爭得面紅耳赤又不傷和氣是皆大歡喜，但很多時候爭辯時唇槍舌劍，最後會出現傷人的言語，辯論往往就會讓人受傷。我們該怎麼看待、理解這種具有攻擊性的語言行為？**

人跟人說話，引發了爭端或辯論其實在所難免，但我們一定要記得一件事：別人講十句話都對了，有一句話講錯，我們不能抓著這句錯的話來擴大解釋。一旦你把他講錯的那句話擴大，恐怕最後就很難達成互相溝通的目的，也無法讓彼此維持和諧的關係。說話的目的是為了溝通，傳達彼此的認知、情感及意願，我們應該謹記這個原則：與其話說得多，不如說得少；話說得少的人，寧可不說。老子說：「希言，自然。」意即一個人很少說話，其實就是最自然的狀態。讓一切該怎麼發生就怎麼發生。因為我們一說話，便會在事實之上添加許多個人的意見，這些意見介入後，往往都會使事實變得更加複雜，最後大家恐怕會忽略事實，反而只執著於那些話語。

「良言一句三冬暖，惡語傷人六月寒」，從莊子的觀點來看，傷人的話更是完全沒有必要，用言語去傷害人的效果恐怕會比想像中還要深。我們常說，說出口的話就像潑出去的水，到最後就算想收回，別人恐怕還是記在心裡了。我們年輕時常會犯這種毛病，總以為表達的是善意、說的是諍言，說真話也無妨，但有時說的話過了頭，或是猜到對方內心的動機，又或是對方還沒想到卻被你給猜中，猜中之後，有時對方會因此惱羞成怒：你看透了我的心思，我就要反擊。於是，彼此的話便越說越難聽，最後就變成純粹的爭執了。

◎有時惡語傷人不是有意為之，就像我們經常說的「刀子嘴，豆腐心」。話一說出口，弄得朋友、親人很難受，這種情況又該怎麼辦呢？

刀子嘴，是指說話非常犀利；豆腐心，指的是心腸其實很軟。與之相反，「口蜜腹劍」則是說出來的話都很好聽，心裡卻暗暗藏著刀劍，準備對付你。如何做到心口合一？有時候，說話必須看對方和你的交情，不是話說得好不好的問題。針對說話時機，孔子提出了三點：他說，你跟長輩、長官在一起的時候，說話要慎慮：第一，該你說話你不說，叫做「隱瞞」；第二，不該你說話你卻說，叫做「急躁」；第三，沒有看別人的臉色就說了，叫做「瞎子」。孔子對說話非常謹慎，因為古人很注重言行。古時候，人的行為只有周圍的人看得到，但說話就不一樣了，《易經・繫辭傳》說：「君子居其室，出其言善，則千里之外應之。」君子住在屋內說出有道理的話，即使遠在千里之外的人也會起而呼應。譬如，古人如果寫了一封信，信裡寫對了一句話，或許千里之外的人就會有共鳴；反過來也是如此，如果說錯了話，千里之外的人也會因此起而反對你。這其實說明：有時言語比行為具有更強的力量。我們往往都強調行為，相對而言說話變得次要，但人類社會不是只有行為重要，因為行為在更多時候其實不會被看見。我們跟別人見面，怎麼知道對方過去做了些什麼事？見面之後，我們必須透過對方說的話來判斷，才能決定這個人可不可以做朋友，或這個人是不是我的敵人，所以，說話特別值得我們用心思考。

有時候，言語傷人的嚴重程度還會勝過實際的行為。在電影《沉默的羔羊》裡，男主角是心理醫師，他隔著牆說話給病人聽，讓對方覺得自己活著是浪費糧食，最後病人便自殺了；《三國演義》中諸葛亮罵死王朗、氣死周瑜也是差不多的情況。

有言道：「言者無心，聽者有意」，實際上有時候什麼話會不會傷到人，要看對方怎麼去理解這些話，但我們不能總是以「言者無心，聽者有意」當藉口，也不能以「自己不是有心的，自己是善意的」來做為遁辭。說話時，本來就該注意聽話的對象，對方聽了又會怎麼理解、有什麼反應。聽的人是張三也許沒事，換作李四說不定就想歪了。

其實，儒家與道家最終的基本原則很像，就是「替別人設想」。人跟人相處的祕訣，就是把自己當作別人，把別人當作自己。我們常說，人對自己要盡量客觀，對別人則要盡量主觀，什麼意思呢？平常人總會覺得自己如何如何，判斷事情也往往習慣主觀認定。但人應該對自己客觀，嘗試多從別人的角度來自我審視；同時也要能夠體諒別人的主觀，把別人想成自己，從對方的角度去看待別人的想法和立場。換句話說，就是換位思考。人與人之間發生了誤會或偏差，才會造成傷害，我們面對溝通上的問題該怎麼做呢？莊子對人與人之間的言語溝通提出了非常好的建議。《莊子．人間世》裡提到，如果你擔任大使出使外國，兩國此時若是交好，這個大使說什麼友誼歷史悠久、一直都是朋友之類的話，恐怕都是溢美之詞；若兩國準備交戰，說你對不起我、我合理宣戰這類的話，恐怕都是溢惡之詞。莊子說這兩種都很不好，因為「和」與「戰」會變來變去，最好還是選擇說些實在的話。有時候，我們很難評斷什麼才是實在的話，到底要講到什麼程度呢？譬如，國君說了什麼話，作為大使在中間傳話，該如何傳達訊息、該如何把握說話的分寸，終究會都是難以拿捏得當的事。所以，莊子比較少談論使用言語溝通來達致某種效果，他反而認為，好朋友之間不需要言語也可以彼此溝通。

《莊子・大宗師》說：「子祀、子輿、子犁、子來四人相與語，曰：『孰能以無為首，以生為脊，以死為尻；孰知死生存亡之一體者，吾與之友矣！』四人相視而笑，莫逆於心，遂相與為友。」要做到這種境界，朋友間一定要有足夠的信任。這四個好友談到：人的生命其實就在「道」裡，所以生與死沒有分別，一切「有」與「無」也沒有什麼差距。後來子來生病，呼吸急促就好像快要死去了，他的妻子兒女圍在床邊哭泣。子犁前往探望，對他的家人說：「去，走開！不要驚動將要有變故的人。」他倚在門邊對子來說：「造化的力量會把你變成什麼？會將你送往何處？把你變成鼠肝嗎？把你變成蟲臂嗎？」子來說：「依父母與子女的關係，不論要子女去東西南北，他們都會唯命是從。陰陽二氣與人的一生際遇，其實無異於父母與子女的關係。它們要求我死，我若不從，那是我忤逆不孝，它們有什麼錯呢？天地以形體予我寄託，以生活使我勞苦，以年老令我安逸，以死亡讓我休息。所以，妥善安排我生命的那股力量，也將妥善安排我的死亡。以天地為大熔爐，以造化為大鐵匠，又有哪裡去不得呢！」這便說明他們四個人有一定的默契，如果不是這麼高的層次，朋友間要不透過言語溝通幾乎不可能。

◎除了交誼之中的理想境界，平常人與人相處，其實還是很容易遇到語言較具有攻擊性的朋友，面對這樣的朋友時，一般人會有兩

種選擇，一是針鋒相對，二是選擇沉默。莊子會建議我們採用哪一種回應方式？

我相信莊子會選擇沉默。雖然莊子好幾次與惠施針鋒相對（「子非魚，安知魚之樂」就是最典型的例子），但莊子平常還是會傾向以沉默來化解口舌爭端。佛教有「聖默然」之說，意為「沉默是神聖的」，西方也有類似說法：「沉默是最流暢的辯論。」如果兩個人在講話，一個人說了半天，另外一個人卻始終沉默不語，說話的人見對方都沒有反應，往往就會覺得心虛，最後開始懷疑自己說的對不對，別人再看他一眼，他就覺得好像自己說錯了一樣。我就有過這種經驗，在美國讀書時，我的老師余英時先生是知名歷史學家，他要我在一個限定日期內讀完一本書，然後向他報告讀書心得。我去報告時當然非常緊張，書看完了才敢去；當我開始報告，余先生便坐在那兒清理他手中的菸斗、抖掉菸灰，根本連看都不看我，如果他看了我一眼，我就知道自己大概說錯了。他從頭至尾沒有開口說話，我就知道自己說錯了三個地方，因為先生看了我三次。這是我學生時代的經驗，到現在都還印象深刻。有時人會選擇保持沉默，轉而以別的方式來表達自己的意見，此即我們所說的肢體語言，擺個手勢、看你一眼、搖一下頭，都可能是回應的方式。所以與別人交往時，多說話不見得代表你學問好，也不見得代表你口才好，或許別人會選擇不說話，甚至對你說的話嗤之以鼻。

與惠施討論問題時，莊子的心態如何？底下這個故事具有警惕效果，提醒我們一定要活得夠久，如果不幸早死，就會被別人任意評論，卻沒有機會反駁。惠施比莊子早死約二十年，有一次，莊子帶著學生經過惠施的墳墓，莊子停下來對學生們說，我跟你們講一個寓言吧。楚國有個人在鼻尖上抹一點灰，只有蒼蠅的翅膀那麼薄，一個工匠拿起斧頭，運斧成風，一斧頭砍下去，灰砍掉了，鼻子完全沒有受傷，鼻子上點灰的人臉色絲毫不變。宋元君聽說這個工匠的本領，於是把他找來、要他表演。工匠回答，我有這種本事，但是能在鼻尖點灰跟我配合的人已經不在了。講完，莊子便轉向惠施的墳墓說，自從先生過世後，沒有人可以跟我說話了。從這則寓言我們可以知道莊子很寂寞，他跟惠施說話，有時候實在是迫不得已，他不能老是不說話啊。可見，惠施在莊子心目中，恐怕只是扮演道具的角色。以上是〈徐無鬼〉篇的故事。

有時候，一個人的價值需要透過對手才能體現出來。這使我想到一句名言，一個人可以沒有偉大的朋友，卻不能沒有偉大的敵人。你有偉大的朋友，不見得代表你偉大，你可能附其驥尾，跟隨在後面跑；但如果你有偉大的敵人，與你處於對抗關係，代表你擁有足夠的分量。惠施倘若地下有知，知道莊子的思想境界如此高深，大概也願意被當成道具，至少在當時只有他具備資格。我們經常會看到一些文學作品或影視作品中，一個人先有一個目標，可以尋仇或較量，一旦目標消失，他就不知道自己該怎麼活下去了。也許莊子和惠施就是這樣的關係，後來惠施不在，莊子就不太說話了。

《莊子・秋水》中的「子非魚，安知魚之樂」的故事非常經典。在春暖花開的時候，莊子與惠施相約去郊外踏青，兩個人走上一座橋，莊子往橋底下一看，流水淙淙，幾條白魚從容悠游。莊子不禁脫口讚嘆道，這些魚真快樂。惠施尾隨在頭，機會來了，立刻搶上一步說，且慢，你不是魚，怎麼知道魚快樂？莊子說，你不是我，怎麼知道我不知道魚快樂？惠施說，我不是你，所以我不知道你是否知道魚快樂，你也不是魚，你也不應該知道魚是否快樂。照理說，惠施應該辯贏了（總算贏了一次），因為這一步退得漂亮：我不是你，我不知道你是否知道魚快樂；那麼，你不是魚，也無從知道魚是否快樂。但莊子怎麼可能認輸呢？莊子立刻說，回到開頭吧，當你問我「怎麼知道魚快樂」，你就是知道我知道魚快樂，所以才來問我，我怎麼知道的呢？我站在這裡一看魚便知道了。這段話，我到最近幾年才覺悟其中涵義。

其實這個故事常讓我們腦子來不及切換，分不清主、客觀的差別，焦點輪流放在誰身上也不容易辨別，最後就搞亂了，辯論結果因此變得難以理解。莊子說完話後，惠施便沒有再回話。辯論的時候不講話就代表輸了。我們要問，惠施為什麼輸了？其實是因為惠施意識到自己的自相矛盾。惠施本身是一個辯論高手，除非難以自圓其說，否則絕不會不講話。惠施首先聽到莊子說「魚真快樂」，那時他便知道「莊子知道魚快樂」，但他不知道「莊子怎麼知道魚快樂」。你說魚快樂，我既然已聽到這句話，就知道「你知道魚快樂」。因為人跟人說話是為了溝通，你正是透過說話讓我得知你的想法。但惠施後面卻說，我不是你，所以我不知道你是否知道魚快樂，這就是矛盾所在：前面我問「你不是魚怎麼知道魚快樂」，這句話就先預設了「我知道你知道魚快樂」，因為「你說魚真快樂」，可是後面我又說「我不是你，所以我不知道你是否知道魚快樂」。前面我聽你說話，就知道「你知道魚快樂」，後面又說「我不是你，所以我不知道你是否知道魚快樂」，從「我知道你如何」，變成了「我不知道你如何」。

一般人讀《莊子》，遇上這一段，往往就將莊子的話解釋成「移情作用」：即心理學上的移情，把我的感情投射在魚身上，我看到魚從容悠游，我就以為自己感受到魚的快樂，所以就說魚真快樂。但莊子不談這些，為什麼？如果這樣講，則一切表述和語言都很主觀，惠施當然可以不贊成，惠施也可以質疑莊子如何知道。但莊子並沒有就這一點來回答，他只是回到前面的談話。人跟人溝通必須憑靠說話，使用語言；你聽我說話，就該知道我在想什麼，但後面你卻說你不是我，所以你不知道我在想什麼。這是莊子表現得最精彩之處，即便惠施是名家的代表人物，莊子卻在這一席語言交鋒上遠遠超越惠施爭辯的層次，惠施因此只能啞口無言了。

◎如果惠施還有一次機會，他還可以怎麼樣做？

假如我是惠施，聽完莊子說「魚真快樂」，我便會說：我不認為魚快樂。這樣就好了，各說各話，只能到這個程度。因為莊子說「魚真快樂」，惠施說「你不是魚，怎麼知道魚快樂」，辯論就開始了。一旦開始辯論，惠施就注定要輸，為什麼呢？因為惠施不是莊子，不會知道莊子「怎麼知道魚快樂」，然而惠施又聽到莊子說的話了。人跟人溝通必須仰賴說話，假設我跟你說：「今天我過得很快樂。」說不定我騙你，其實我內心很痛苦；或者我跟你說：「我現在很緊張。」但說不定我其實感到非常輕鬆。因為，人的語言與真實情況本來就可能出現落差，正常情況下，一個人說話，對方就會認定說的話呈現了說話的人心中的意思。惠施先聽到莊子說魚快樂，後面卻又否認，這便與他自己前面說的「我聽到你說魚快樂」與「知道你知道魚快樂」產生矛盾了。

我想，莊子爭辯的目的是希望達到不爭的結果。惠施喜歡賣弄他的語言才華，畢竟這一方面是他的專長，莊子卻想透過這些爭辯，和他進行另一個層次的溝通，為了讓他知道語言本身有其限制。因此，西方研究語言的學者們很強調「開顯」的概念：彰顯得越多，遮蔽也會越多。若什麼話都不說，沒有話語，人與人之間便不會有語言或話語造成的誤會；相反的，我話如果說得越多，也許你本來已經聽懂，卻被過剩的話語干擾，越聽越迷糊，到最後反而不知道我在說什麼了。我教書教了幾十年，有時候談到某個問題，簡單說完了就好，學生希望我再解釋清楚一點，越解釋越複雜，到最後原來懂的反而不懂了。所以，有時我們仰賴語言來表達思想，確實會有這樣的困難及盲點。莊子其實把話語產生的這種困境看得非常透徹，因此他很希望大家回歸自然的情況。

莊子思想的重點之一，就是要讓許多人間真正的問題回歸事實層面，大家各自安於自己的天命與本性，然後照實際的生活去發展。任何要說的話，不過只是用以表達個人的知、情、意，如果別人有不同意見也該互相尊重。惠施聽到莊子說「魚真快樂」，如果只是回應：「我認為魚不快樂。」莊子也不能問他「你不是魚，怎麼知道魚不快樂？」尊重彼此各抒己見，便能有效化解沒有必要的爭論。很多場合可以學習莊子的智慧，就是設法不爭，讓事實自己說話比較合適。

延伸閱讀

1.《莊子．秋水》

莊子與惠子遊於濠梁之上。
莊子曰：「鯈魚出游從容，是魚樂也。」
惠子曰：「子非魚，安知魚之樂？」
莊子曰：「子非我，安知我不知魚之樂？」
惠子曰：「我非子，固不知子矣；子固非魚也，子不知魚之樂，全矣。」

莊子曰：「請循其本。子曰：『汝安知魚樂』云者，既已知吾知之而問我，我知之濠上也。」

2.《莊子・徐無鬼》

莊子送葬，過惠子之墓，顧謂從者曰：「郢人堊慢其鼻端若蠅翼，使匠人斲之。匠石運斤成風，聽而斲之，盡堊而鼻不傷，郢人立不失容。宋元君聞之，召匠石曰：『嘗試為寡人為之。』匠石曰：『臣則嘗能斲之。雖然，臣之質死久矣。』自夫子之死也，吾無以為質矣，吾無與言之矣！」

第三講

職場相處之道

- 莊子用什麼比喻來詮釋古代君王與人臣之間的關係？
- 碰到蠻不講理的主管，部屬該怎麼自處？
- 主管與下屬發生矛盾，彼此工作理念不同，該怎麼解決？
- 自己的想法實在沒辦法讓主管理解，該怎麼辦？
- 莊子會傳授主管怎樣的管理術？

戰國時代，楚大夫葉公子高要出使齊國。因為齊國辦事喜歡拖拖拉拉，葉公子高心裡很擔憂，怕萬一沒能完成使命，不知道楚王會怎麼處罰？他越想越擔心，日子也變得越來越難捱了。怎麼說呢？因為葉公子高向來吃得很清淡，但自從那天早上接到出使的命令以後，內心便焦急上火，晚上只能靠喝冰水把心裡的急火給壓抑下去，此即「朝受命而夕飲冰」的典故。可見，做下屬的日子不好過，主管和下屬的關係該怎樣處理才算得當？以上是參考《莊子‧人間世》中的一段資料。

◎在莊子的時代，君臣之間的權力關係是怎麼樣的情況？

春秋時代的楚國認為自己可以與周朝分庭抗禮，故自稱王。周王底下的諸侯、各國的國君只能稱「公」。但楚國的官員（如葉公）比其他諸侯國官員高一級，一個縣長也稱「公」。從楚大夫葉公子高的故事，我們可以體會古代臣子的壓力很大。封建時代有嚴格的君臣關係，君的權力很大，有時甚至可以為所欲為；做人臣的奉命之後便非得完成任務不可，不然可能就要提頭來見。典故裡的楚大夫葉公子高「早上接到命令，晚上就需要喝冰水，否則內熱受不了」就是一例。事實上，對比於古代這種極度傾斜的權力關係，今天已經沒有那麼嚴重，現在的主管與下屬是相對的關係，在古代則是絕對的關係，彼此的位置是完全不平衡的。莊子舉了幾個例子來比喻國君。他說，侍奉國君，就跟馬夫養馬一樣，整天照顧馬照顧得好好的，用貝殼、竹筐替它裝尿、裝屎，有一天，馬背上來了一隻大蚊子，馬夫看到蚊子在叮馬便想保護牠，於是揮手拍了蚊子，一拍之後馬嚇了一跳。牠不知道蚊子叮牠，也不理解馬夫其實是在幫牠忙。這一驚嚇便立刻掙脫了轡頭，把馬夫給踢傷，發瘋似地跑掉了。莊子竟用瘋馬的形象來比喻君王，可見他對國君實在沒有什麼尊崇之意。

另一則寓言則把國君比喻成老虎，就如同我們現在常說的：伴君如伴虎。莊子說有個養老虎的人，每天照顧老虎，照顧久了，老虎看到養牠的人也會產生親切感，因為一見到這個人就會得到食物，就會有好處。但養虎人還是緊張，不敢給老虎吃一整隻雞，更不敢給牠吃活的食物，就怕老虎兇性大發。因為，老虎吃的東西若是經過處理，久而久之，牠會忘了自己兇殘的本性，一旦給牠整隻雞或整塊肉，牠一下子就會發揮本然的獸性，恐怕連豢養牠的人都得遭殃。

◎ **其實，不光是在國君身邊當差難，只要有主管、下屬的權力區分，下屬好像就會比較難過。清朝有個人去做縣長，卻連字都不認識，每次數字寫到「七」，最後一筆總是往裡一勾。下屬就跟他說，老爺，您這個「七」字寫得不對。縣長聽了就不高興，哪有部屬糾正主管錯誤的？於是他把筆一丟說，老子「七」字是寫不好，可是老子「八字」好，你不過是當衛兵的命，我是當老爺的命。碰到這種蠻不講理的主管，部屬該怎麼辦？**

遇到這種情況，部屬也只好訓練自己的修養了。因為，大多數人都是從部屬慢慢爬升上去的，除了少數人生來就是富貴命，一般情況是由部屬慢慢變成主管。因此，我們也應該記得過去當部屬時不喜歡主管怎麼對待自己。

儒家針對這一點談得比較多。儒家認為，你不喜歡主管怎麼待你，就不要用同樣的方式對待自己的下屬。如果你現在還是下屬，不喜歡主管怎樣對你，將來你當了主管之後，也要好好記住這一點。

這其實就是觀點上的換位思考，《莊子・徐無鬼》裡有個故事，徐無鬼本來隱居山林，有一天透過女商安排，下山去找魏武侯。魏武侯見到這位聞名的隱士，兩人相談後，魏武侯非常開心。女商覺得狐疑，便問徐無鬼：先生究竟對君侯說了些什麼？通常我與君侯相談，從遠處是談談《詩》、《書》、《禮》、《樂》，從近處是談談《金板》、《六弢》，見於行事而大有效驗的不計其數，但君侯卻從未開口笑過。我們這些大臣一向奉行大王的命令，大王說什麼，我們便做什麼，他卻從來沒笑過，也沒露過牙齒，今天你跟他相談甚歡，他笑得那麼大聲，我們在外頭都聽到了，到底有什麼祕訣？徐無鬼說，我跟他談怎麼相狗和相馬。古代社會的娛樂很少，其中一項貴族娛樂就是賽狗、賽馬，所以需要有專人相狗、相馬，才能挑選出上等的狗和馬。徐無鬼其實就是跟魏武侯談論這些有如生活八卦般的瑣事。平常大臣在國君面前，沒有一個人講得上攸關生活的平實話題。不是談嚴肅的議題，就是盡說一些流於客套、冠冕堂皇的門面話，其實國君也是人，凡是人就會有平常的現實生活。

徐無鬼接著又說，越國有一個人被流放——他把國君比喻為流放的人——這個人離開國家幾天之後，看見認識的人就很高興；離開國家一個月後，看到曾在國內見過的東西就很高興；等到離開國家一年以後，看到像是同鄉的人就很高興。這不就是離開故鄉越久，思念故人越深嗎？長久居住在曠野，聽到人走路的腳步聲就會高興起來，更何況是有兄弟親戚在身邊談笑呢！很久沒有人在君侯身邊用真實的言語與他說話了。徐無鬼跟魏武侯談話，只是把他當作尋常人而已。如此一來，他反而覺得開心，因為他可以用平常心跟別人相處，不必拘束，輕鬆自在，不需要擺架子，更不必說什麼門面話。

◎在前述的故事裡，君王非常令人同情，他們像被流放的人，感情上與別人都很疏遠，沒有人真正理解他們，猶如孤家寡人。這樣想想，是不是當主管也挺不容易？我們總是害怕遇到蠻不講理、難以溝通的主管，若真的遇到了又應該怎麼辦？

主管如果不是最高階的領導，上面也還會有主管，他也有他的壓力，只好把他的壓力轉嫁給下屬，這樣一來，做下屬的應該怎麼辦呢？其實，自古以來都存在這個無法解決的問題。

有時，當主管的壓力其實比下屬還大，甚至也比部屬更累。這樣一想，我們或許便能稍稍體諒，覺得經常苛責我們的主管變得不那麼可恨了。說不定他接了上頭主管的一通電話臉色就變了，主管對他提出要求，他根本連對方的人都看不到，馬上就得去做許多事，作為他的下屬或許還可以直接看到他，彼此溝通，但他說不定連溝通的機會都沒有。經過這樣的換位思考，我們也許較能站在主管的立場來設想。

如果遇到與主管溝通困難的情況，莊子在〈人間世〉篇會說，外表要設法遷就他，內心最好也能夠順從他；然而，遷就不能太過分，順從更不能太過頭。一味地遷就和順從，最後便會完全失去自己的立場。如果主管走偏，你也會跟著他走偏，將來萬一出了事，你就會第一個倒楣。

◎莊子的想法跟儒家的觀念不太一樣，儒家認為，如果看到君王昏庸，身為人臣一定要直言進諫，這才是臣子的責任。莊子卻主張遷就和順從，即便他是一個不稱職的領導者，也要抱持這樣的態度嗎？

莊子的考慮主要有兩點：第一，古時候的人命真的沒有什麼保障，要先保命，如果直言進諫，國君往往說殺就殺。第二，直接對抗往往無法達成目的。如果直接跟擁有絕對權力的君王對抗，他說不定免了你的職、罷了你的官。所以，首先得先保住性命，想把事情辦成，就要採取適當的方法，所以得先順從上意，若想直言進諫，一定要選擇適切的時機和妥善的表達策略。莊子在〈人間世〉篇中還說，我如果對你很好，別人問起我，你就會說一些溢美之詞；我如果對你不好，別人問起我，你就會說一些溢惡之詞。「美」就是好話，「惡」就是惡語。人很難避免「溢美」、「溢惡」，往往都依個人情緒與喜惡來說話，莊子建議我們要同時避免這兩種習慣，最好能夠說實實在在的話，說多了、說少了都不好。莊子也理解人與人相處的難處，更明白主管與下屬的緊張關係。他告訴我們如何能夠順利完成任務，卻又不會給自己添加任何情緒，或製造不必要的對立。在一般成見下，儒家似乎較注重實用，而道家則希望無為，但探究莊子對主管、下屬關係該如何處理的觀點，我們看到的，其實正是實用原則，甚至比儒家的觀點更實用。司馬遷說，莊子的哲學雖承自老子思想，但「其學無所不窺」，莊子是個平凡百姓，只做過小公務員，但對於基層下屬與上層那些大官、國君間的實情，卻了解得比誰都清楚。換句話說，我們讀《莊子》有一個好處：你不必親身去做某一件事，就能知道那件事的複雜情況。莊子也說，社會必須要能順利運轉，國君再怎麼樣不稱職，國家也不能沒有國君，同時，一個官僚系統也一定需要各級下屬，讓國家機器得以順利運作，目的是要讓老百姓免於受苦。一般人比較少談到莊子的這一層理念，事實上，它才是莊子思想真正精彩的部分；換句話說，我可以對世俗提出各種看法，讓世俗機構和組織得以運作，至於若要自我保護，可以獨自過著隱居、逍遙的日子、與「道」相處，那是另一套生存的邏輯。由此可見，莊子將自己和世俗清楚地區分開來。

◎**在這點上，莊子的建議非常明確。戰國時代其實不乏敗壞的領導**

或君王，這也多多少少影響了莊子的觀點。怎樣才能既影響主事者，同時又讓自己立於不敗之地，莊子有什麼具體的建議？莊子之所以有如此明確的觀點，是不是跟他所處的環境有關？

關於這個問題，莊子舉了很多例子。若是依照儒家的做法，忠臣或孝子的下場往往相當淒慘。這樣的實例多了，就會覺得該為亂世中的生命尋找另一條出路，才能既做到妥善「處事」，同時又能妥善「處世」。莊子就這個生存議題下足了工夫，如果沒辦法了解莊子處世的基本邏輯，很多人生的困惑就難以從莊子的思想中找到解答。過去有很多忠臣選擇了直諫，最後都遭遇險難，對此，莊子給了我們具體的解套策略。

莊子在〈德充符〉篇說了一個非常有趣的例子：有一個人長相奇形怪狀，肢體又有殘缺，但他替國君做事跑腿，久而久之，國君便覺得此人模樣很正常。因為他的脖子很粗，國君看他看習慣了，見到別人便覺得別人脖子太細。

這個人和國君相處時，國君不會感覺到任何壓力，同時又全心信賴他。由此可見，想要得到主管的信賴需要智慧，莊子思想的重點即是放在這一層上。譬如，在〈人間世〉篇說，君主如果像嬰兒，你就和他像嬰兒一樣；君主如果不重視威儀，你就隨他不注重威儀；他想怎樣，你就跟著他怎樣。換句話說，就是要把國君視為一個具有主動性的對象，如同跳雙人舞，他主動，你就被動，順著他，讓他帶著你走，在關鍵時刻給他一些暗示，讓國君覺得是他自己的主意，完全沒有感覺到你給了他任何建議，若能做到這一步就很不錯了。這裡多多少少暗藏了投其所好的心思，其中當然也有因勢利導的意味，也有點像打太極拳。道家的基本原則是「柔弱勝剛強」。領導者屬剛強、陽剛，人臣就該表現陰柔：我是你的下屬，我當然順從你的意志，你帶我怎麼走，我便跟著你怎麼走，但是我的陰柔可以化解陽剛太衝、太直的部分，可以發揮調和的作用。道家的思想就像太極，陰中有陽，陽中有陰，如此方可調和成一個整體。

有人說，歷史上有些忠臣的下場不太好，那是因為他們不懂得變通，因為他們太過剛烈，想勸說君王，卻往往選用了錯誤又激烈的策略，如果君王不認為自己錯，硬碰硬的結果就是兩敗俱傷。按照莊子的說法，當我們與一個難以溝通、性格固執的主管相處，最好的辦法就是「潤物細無聲」。

很多人認為儒家堅持硬碰硬的君臣關係，其實並不然。在《論語》裡，孔子稱讚他的朋友蘧伯玉是個君子，國家上了軌道，他便出來做官；國家不上軌道，他便「卷而懷之」，把自己藏起來。孔子也對顏淵說過：有人用，我們就出來做官；沒有人用，我們就藏起來，這樣的事，只有我同你顏淵兩人做得到。正因大多數人做不到這點，孔子才會論定只有他同顏淵能做到。孔子的說法與莊子基本上沒有差異。由此可知，我們要學會精準判斷時勢，若連時勢都不能好好判斷，身家性命恐怕就會遭遇危險。

◎有個故事是這麼說的：總經理在某一份文件上簽了字，讓秘書寄出去。結果秘書偷偷把它壓了下來，因為他覺得，老闆這一次的決定是錯的，以後肯定會後悔。果不其然，沒兩天，這位總經理抱怨不該那麼早決定簽核那紙文件。這時，發生什麼事呢？秘書嘿嘿一笑，說文件還沒發呢。總經理表面上感謝秘書替自己挽回損失，但卻給秘書記了處分。秘書心中不服氣，便找上董事長理論，董事長卻又直接給了他一個處分——解雇，這位秘書的問題到底出在哪裡？

這個秘書錯誤在於他太自作聰明，又完全沒有為老闆留面子。一個團隊通常是按照身分、角色來承擔不同的責任。如果你屬於某一級別的人員，卻私自越權處理權責範圍以外的工作，或許第一次做了正確的決定，但以後你若次

次這麼做，萬一做錯決定該怎麼辦？該由誰來負責？除非這位祕書自己獨當一面，事情可以由他全權處理，獨力決策，否則他等於直接違逆了主管的命令。此處所談的是一個關鍵問題：他擅自替主管作了決策，剝奪了主管的決策權，如果這樣的情況可以被容忍，那麼，以後每一級部屬都可以越權處理公司事務，偶一為之的結果或許可能是好的，但就整個體制來說，就沒有可以真正負責的人了。那位董事長必然考慮到了整個體制的問題，才會做下如此嚴重的懲處決定。

這個故事帶給我們一個啟示：作為下屬，必須清楚知道自己的位置與權責，千萬不要想代替主管做主，否則就變成主管的主管了。

◎ **主管與下屬間如果發生矛盾，通常存在一個核心問題，也就是大家的工作理念不同。就連歷史上鼎鼎大名的姜子牙，也曾遇到與周文王意見不同的時候，面臨這樣的情況，姜子牙是怎麼處理的？**

在《莊子》中，姜子牙當時選擇保持沉默。雖然這未必符合史實。但依據莊子的說法，周文王決定革命時，姜子牙並不贊成，他認為革命的時機尚未成熟，倘若在這個時機點發動革命，恐怕會造成天下紛擾不安，對於革命的後續事宜應該如何處置，也沒有確切的把握，但對於周文王的說法，他並沒有當面反駁，姜子牙不說贊成，也不表示反對，只是半夜一個人走了。他離開後，周文王這才發現，姜子牙以離開來表達對自己的異議，於是趕緊自我檢討，同時連夜追回了姜子牙。這也是一種解決主管與部屬不同意見的好方法：和則來，不和則去。

◎周文王接受了姜子牙的溝通方式。然而，在上司與部屬之間，最可能是溝通上出了問題，主管與部屬的理念不同、看法分歧，往往便會出現嚴重的矛盾，孔子說「道不同，不相為謀」，在這種情況下，無論如何也無法讓主管理解自己的意見，又該怎麼辦才好？主管又該如何讓部屬可以接納自己的想法？

《莊子・田子方》裡也談到了類似的故事，主角也是我們熟悉的姜子牙與周文王。周文王想請姜子牙擔任宰相一職，他知道大臣們會反對，因為，從原來的官員系統之外，找來一個沒有任何資歷的人，又擔當宰相重任，大臣們不知道會怎麼看？所以，周文王說：我做了一個夢，夢到我的父親告訴我要重用某人，你們覺得如何？大臣們聽了紛紛表示：既然先王托了夢，當然得依從先王的指示。周文王借先人托夢之辭，順利地延請姜子牙為相。姜太公任相之後採取的是「什麼都沒做，卻什麼都做成了」，如同老子的「無為而無不為」。在莊子筆下，這些偉大的人物都會選擇不要刻意做不必要的事：「無為」，但是治理得很好，也就是盡量不刻意行事，反而使天下安定平靜。後來，周文王發動革命，目的是想推翻商紂政權。姜子牙不同意，但他不說好，也不說不好，選擇半夜悄悄離開，周文王便理解姜子牙有意見。可見，莊子講歷史故事，是選材後再加以渲染，讓故事成為適合闡述自己理念的版本。

◎不僅下屬必須審慎面對與主管打交道的情況，主管也會面臨該如何管理部屬的問題。莊子傳授了哪些領導者應該具備的管理術？

如果要讓莊子來教授管理學課程，〈齊物論〉中有一個寓言故事可以提供參考，即是我們很熟悉的成語「朝三暮四」。現在，「朝三暮四」常用以批評一個人沒有定性，說話老是不算數，想法多變而缺乏定見。典故的原意則並非如此，莊子說：有一個人養了猴子，他與猴子商量，說自己快沒錢了，日後的食物分配要調整一下，早上給你們吃三升栗子，晚上吃四升栗子；猴子聽了都很生氣。這人於是說：那好吧，我們倒過來，早上吃四升栗子，晚上吃三升栗子；結果猴子聽了之後都十分高興。事實上，猴子不具備邏輯思考的能力，也無法通盤地看待現實，三加四等於七，四加三也等於七。莊子的本意在於：從整體來看，根本就沒有什麼先多先少的問題，那麼為什麼會產生不同的情緒反應？所以，作為管理者或領導者，一定要努力避免讓員工有任何情緒困擾，因為情緒困擾對工作的傷害最大。很多人一鬧起情緒來，惰性和抗性便會出現，開始不辦公、不做事。因此，領導者要避免讓下屬有情緒問題，得設法用對技巧，所謂「朝三暮四」、「朝四暮三」便可以作為參考，其實，現代企業領導者應該充分善用古人的智慧，歐美流行的彈性工作制，說穿了就是「朝三暮四」的活用案例，這就是管理的藝術。

其實，這則寓言中還有一個關於成本總量控制與效率最大化的問題：除了作為管理參考，也反映了莊子一項特別深刻的思想，亦即從整體的高度來看全局。譬如：一個人要選擇少年得志，還是大器晚成？你不能兩者都要，如果你早已少年得志，將來就一定無法大器晚成了。事實上，人生也是如此，若把生命當作一個整體來看，得意的時候就不會太驕矜，失意的時候不會太難過；眼見他人風光不會心生羨慕，看到別人倒楣也不會加以嘲笑。在莊子的思想中，最難做到的，就是保持一種穩定的平常心，用超然的態度面對一切。尤其作為政治領導或企業負責人，一定要能高瞻遠矚，在上位綜觀全局，才可因應各種複雜的局勢變化。能做到這點，管理效能就不會太差，管理方式也應該不致招來負面批評。

◎**管理者可分為五種類型：「老虎型」自信心強，競爭力強，有決斷力；「孔雀型」人際關係好，擅長口語表達；「無尾熊型」平易近人、強調和諧；「貓頭鷹型」鐵面無私，明察秋毫；「變色龍型」適應力較強，擅長協調。在這五種領導模式之中，莊子比較讚賞哪一種？**

如果引用一句我們耳熟能詳的話來說，莊子心目中的理想管理者，應該屬於「臥虎藏龍型」。「臥虎藏龍」代表自信十足，對於人生各方面的問題都能充分理解和掌握。這樣的領導者顯然具備了老虎的能力，有自信、力量強大，但他是「臥虎」，因此不會讓別人覺得受到威脅或產生壓力。「藏龍」則如同變色龍，其形象一般被引申為較負面的意涵，總是隨機應變，沒有原則，但莊子談的適應能力不會讓人覺得過分明顯，而是多了一個「藏」的工夫。近幾年來，大家常以「臥虎藏龍」這樣的說詞來描述莊子揭櫫的領導理念，大概是說得通的。莊子認為，最好的領導人格應該融合「老虎型」與「變色龍型」的優勢，方能做到外柔內剛。

◎如何以道家的哲學闡述好的領導能力？

我們可以追溯到老子的思想，《老子》十七章曾提及領導的四種類型：最好的領導是讓老百姓只知道有領導人的存在，這叫「太上，下知有之」；第二種則是讓老百姓喜歡他，即「其次，親而譽之」；再則是「畏之」，讓老百姓恐懼，想與他保持距離；最後當然是「侮之」，被老百姓侮辱唾罵了。在老子的這四種分類裡，一般人會選擇第二種，領導者喜歡被老百姓擁戴，得到大家的稱讚。但老子卻認為：百姓這次投票給你，但到了下一次，恐怕就會有不同想法，也開始考量自己不同的需求。因此，最好是讓老百姓感覺不到被人管理，最後的結果是「百姓皆謂我自然」，百姓認為，我們是生來如此，沒有人特意來帶領我們，我們就能生活得平靜安定。所以，老子與莊子的思想連貫起來，使用在管理上，就是要你領導他人，但不要讓對方感覺被你領導。譬如，如果我擔任領導，我就將權責歸之於眾人，而不是寡占權勢。

其實，漢初便特別運用老莊思想來進行統治。漢初三傑之一的蕭何去世之後，按照劉邦的遺囑，曹參繼任了相國。曹參到任後很少有具體的舉措，有人問他：你怎麼什麼都不幹啊？他說：我的智慧難道超越蕭何嗎？眾人說不出話。他又說：所以蕭相國制定的政策要一百年不變，我等只要盡可能無為而治便行了。後來，文帝和景帝也都用過無為而治的管理辦法，他們的大臣甚至稱之為「臥而治之」，意即躺著便可以把天下治理好。這可以說是最上乘的管理術，基本原則就是讓適當的人待在適當的位置上。但以這樣的方式治國有一個最高原則，即是保持天下太平。如果國家久經戰亂，人民需要休養生息，就要能夠與民休息，讓百姓過上太平日子。天下不能只靠打仗來統治，要能維持百姓安定生活，才能長治久安，日久天長。在沒有外患、敵國的太平時代，運用道家治術當然很好，但如果碰上其他問題，恐怕就得視情況改變策略了。

◎ **我們從《莊子》中得到許多管理的觀念和想法。莊子深得其道，如果要他做一個管理者，莊子會做得特別出色嗎？**

這一點很難加以驗證。〈秋水〉篇記載，莊子曾有機會擔任楚國宰相，楚王派兩個大夫探望他，當時莊子正好在濮水邊釣魚。兩位大夫說：大王想請你輔助國事，言下之意，等於延請他擔任宰相。莊子頭也不回，聽口音便知道他們是楚國人，莊子說：楚國廟堂之上有一隻烏龜，放了三千年，請問那一隻烏龜是想活著在爛泥巴裡，夾著尾巴打滾，還是喜歡死後被供在廟堂之上呢？這兩位大夫聽了之後立刻回答：當然是前者。莊子說：我就是想舒服地活著，在泥巴堆裡打滾。

兩千多年後，如今我們回頭去看莊子身處的那個時代，莊子就算出來做官，難道能改變國家大局，乃至整個戰國時代的局勢嗎？恐怕改變不了。所以，如果眼前這條路走不通，要記得一定還有別的路可以走。人在世間要時時謹記：即便生不逢時，或遭遇到非常不好的事，換個角度去思考，會發現一樣有路可走。

在更寬廣的視野下觀察，我們才能理解，道家並不是選擇逃避，而是提供了希望。當你考慮主管與部屬、人與人之間的關係時，一定得知道，人總是需要付出一定程度的代價，才能達到一定程度的結果。如果不願付出，或是對結果沒把握，就不應該勉強去做。莊子不是要求我們非要仿效他不可，他只是建議我們：在某些限定的條件和情況之下，不妨選擇另一種觀點來解套僵局，為人生另闢蹊徑。尤其人到中年，心情可以跟莊子較親近了，這時我們更能暫時放下執著，從「道」中獲得啟發，展現生命逍遙自在的一面。

延伸閱讀

1.《莊子・人間世》

吾食也執粗而不臧，爨無欲清之人。
今吾朝受命而夕飲冰，我其內熱與！
吾未至乎事之情，而既有陰陽之患矣。
事若不成，必有人道之患，是兩也。
為人臣者不足以任之，子其有以語我來！
……
汝不知夫養虎者乎?不敢以生物與之，為其殺之之怒也；

不敢以全物與之，為其決之之怒也。時其飢飽，達其怒心。
虎之與人異類而媚養己者，順也；故其殺者，逆也。
夫愛馬者，以筐盛矢，以蜃盛溺。
適有蚊虻僕緣，而拊之不時，則缺銜首碎胸。
意有所至而愛有所亡。可不慎邪！

2.《莊子・徐無鬼》

少焉，徐無鬼曰：「嘗語君，吾相狗也。下之質執飽而止，是狸德也；中之質若視日；上之質若亡其一。吾相狗，又不若吾相馬也。吾相馬，直者中繩，曲者中鈎，方者中矩，圓者中規，是國馬也，而未若天下馬也。天下馬有成材，若卹若失，若喪其一。若是者，超軼絕塵，不知其所。」武侯大說而笑。

……

曰：「子不聞夫越之流人乎？去國數日，
見其所知而喜；去國旬月，見所嘗見於國中者喜；
及期年也，見似人者而喜矣。
不亦去人滋久，思人滋深乎？
夫逃虛空者，藜藋柱乎鼪鼬之逕，

跟位其空，聞人足音跫然而喜矣，
有況乎昆弟親戚之謦欬其側者乎！
久矣夫莫以真人之言謦欬吾君之側乎！」

第四講

工作的藝術

- 當我們投入一個工作，首先應該具備什麼條件，或者該先做什麼？
- 在確定一個合適的目標時，我們該如何提升自己的能力來達成這個目標？
- 設定一個目標必須仰賴我們自己的感覺，莊子能給我們什麼建議，讓我們可以做到最好？
- 人要如何才能讓自己專注於工作，是不是得一開始就喜歡自己的工作才行？
- 在莊子看來，如何才能將工作變成一種藝術？

一個建築工地裡，三個工人正在砌牆。旁人問，你們在做什麼？第一個人沒好氣地說，你沒看見嗎？在砌牆啊。第二個人抬頭笑笑說，我們在蓋一幢高樓。第三個人一邊幹活、一邊笑容可掬地說，我們正在建設一座新城市。十年後，第一個人在另一個工地上繼續砌牆；第二個人成了工程師，在辦公室畫圖紙；第三個人是前兩個人的老闆。開始時，三人做同一個工作，為什麼結果卻如此不同？我們該用什麼樣的態度來面對工作呢？

◎為什麼前言中的這三個人原本做同一個工作，發展卻大有不同？

因為他們三個人面對工作的態度不一樣。他們正好代表三種不同的工作性格：第一種把工作當成機械性的勞動，讓自己淪為工具，事情做完就算了。第二種把工作當作挑戰性的實踐，在工作裡不斷培養自己的專長與能力。第三種把工作視為具有創造性的事業。從機械性、挑戰性到創造性，對同樣的工作抱持不同的心態，發展的結果就會有很大的差異。

這三種工作態度正好也反映了現代人面對工作的不同態度，他們三個人的遠見顯然不能一概而論。第一個人沒有遠見，只知道自己在砌牆，做一個可以糊口的工作，勉強度日。第二個人砌牆時想到自己在蓋高樓，高樓還沒蓋成，但心裡已經有一個完整的憧憬與想法。第三個人看得更遠，他想到自己正在造一座新城市，這說明了他的遠見，人一旦有了遠見，所有的力量就能集中。要完成任何一件事都必須先訂定目標，把眼光放遠。我在美國讀書四年，從赴美國的那一刻開始，我便知道自己所為何事，在美國的生活苦得不得了，堅持了四年，最後終於拿到了學位，期間即使有一兩個禮拜的休假或寒暑假，我也都用來研習外語（法文、德文，最後還考了日文的檢定）。為了能夠達成一個任務，就要設計一套如同作戰方案般的計劃。現在回頭看，自己年輕的時候比較想不開，我也承認自己在美國讀書時並不快樂，那些日子一味地想達成目標，在美四年，連身體也差點搞壞，冷靜想想，萬一身體垮掉，遠見又有何用？未來根本連談都不必談了。所以，人年輕的時候有體力、有膽量，但心性與格局還需要慢慢修練。如果目標設定得太高，一時無法達成，只有兩個辦法：第一，調整到近期目標；第二，增進自己的能力。

◎我們投入一個工作，首先該具備什麼條件，或者該先做到什麼？

投入一份工作的基本前提是先把工作做好。一個人年輕時開始工作，大多都是從基層工作人員做起，像我們教書便是從擔任助教開始。一開始應該先致力於做好基礎事務，一旦打好了基礎，才能夠慢慢往上爬升。《易經》其實也表達了這樣的概念，從底層往上發展，只怕隨著年紀增加、經驗慢慢豐富了，卻沒有得到往上晉升的機會，這樣才真的可惜。我們對工作要抱持健康的態度，努力培養自己的工作能力，在工作上可以不斷磨練、反覆驗證，藉此提升自己的工作素養，隨著年齡、閱歷的累積，便越有機會在工作上獲得更大的成就。

首先，我們要先設定明確的目標。工作有了明確目標，每天在上、下班之間把目標完成，也就等於每天都能稱職，扮演好自己的角色。社會是一個整體，如同一部運轉不止的大機器，每一個人都扮演其中的一顆小螺絲釘，少了一顆螺絲釘，或許機器就不能順利運轉了，因此，每個人在發展自我的同時，也應注意到個人與整體之間的配合情形。

◎人確實得確立目標，有個美國西部的故事：一個牛仔騎著馬來到一個小鎮，找鐵匠替他的馬釘馬蹄鐵，當牛仔看到鐵匠給他的馬換馬蹄鐵時，他看呆了。他對鐵匠說，看你的動作讓我想起閃電。這個鐵匠很得意地問：你說我這個動作快得像閃電？牛仔回答：是的，不僅快得像閃電，而且像閃電一樣不知道打向什麼地方。最後一句話其實是在說，鐵匠沒有一個工作目標和工作方向。如果沒有工作目標，我們的付出往往徒勞無功，有勁也不知道如何有效地發揮。如何才能擁有一個正確的工作目標和方向？

工作的目標正不正確，恐怕需要設定一個判斷的標準。我們應該體認，人生如果缺乏目標，其實是種生命力的浪費。一個人選擇自己的人生目標可以有兩種方式，第一，可以選小目標，就像打獵，選擇一把霰彈槍，隨便打幾隻兔子或幾隻鳥，但沒辦法獵獲大型動物。第二，選擇大目標，只要一顆達姆彈，便可以打死一頭熊。因此，我們選定目標前應該問自己，我這一生要追求許多小目標，還是想針對一個大目標出手？如果選擇後者，自己就該準備更好的實力，先培養自己的技術，慢慢等待適當時機，或等到準備好了再出手，一出手便斬獲大目標。這其實是抉擇的問題，目標設定太高的話，實現起來也相對比較困難。

有個實驗可供參考：在玻璃杯裡放入一隻跳蚤，跳蚤立刻輕易跳出杯子，因為跳蚤跳躍的高度可以高達自己身長的四百多倍；接下來，實驗者在杯口上面加了一個玻璃蓋，跳蚤一跳起就立刻撞昏了頭，然後又跳起來再撞，幾次下來，跳蚤這才意識到不能跳得那麼高，於是只在杯蓋底下來回地跳。後來，實驗者再把杯蓋拿開，跳蚤還是依照自己調整過後的安全高度在跳，最後，這隻跳蚤永遠也跳不出杯子了。由此可知，跳蚤給自己的能力設了一個限制，然而，那個限制並不代表牠實際的能力，因為有過多次失敗的經驗，導致牠害怕失敗。其實人也是這樣，如果經常失敗，就會認定自己大概不適合走某一條路，或是認為自己的能力到此為止，不要勉強自己繼續強求。事實上，有些只是外在的限制，那些限制會隨著不同時空而改變，也許昨天存在的限制，今天便消失了。我們常說：「人外有人，天外有天。」或許你正好生在一個英雄輩出的時代，苦無發展的機會；這個時候，你正好可以沉潛，同時持續鎖定既有的目標，不放棄原本自我認定的遠景。因為英雄也可能凋零，說不定那正是自己脫穎而出的機會。如果這時你還維繫原有的熱情與動力，潛力一旦發揮，往往就有機會嶄露頭角，人生的際遇有時實在微妙難測。

通常我們評論一個人的實力，會特別強調「士氣」。兩軍對戰時，若人數一樣多、武器一樣好，士氣不同，就會影響勝敗。士氣有時候需要被激勵，很多推銷員出去推銷時便會告訴自己：我一定行，我一定行，因為別人都做到了，相信我也可以辦得到。與其仰賴外來的勸勉，不如用各種方式激勵自己，與其喊口號或集體的心理建設，不如在心裡多給自己一點鼓舞。所以，如果選擇的目標暫時無法達成，也不應太過挫折，應該正面思考與應對，就像我提及的兩種方法：稍微降低目標，或者增進自身的能耐。不能因為競爭對手太多，就想等他們都退場了再來努力，如此一來，時代豈不是倒退了？

◎ **目標訂高了，恐怕會好高騖遠；訂低了，又怕自我貶低。若想確定一個合適的目標，又該如何提升自己的能力，來達成這個目標呢？**

一般情況下，我們可以選擇值得學習的一個典範人物。常言道：「好漢不怕出身低。」有成就的人或許年輕時平凡無奇，選擇這種人物當作典範，就能為自己帶來力量。我常常鼓勵年輕朋友多讀一些偉人傳記，從中可以增進對自我的認識，可以試著問自己：羨不羨慕？如果覺得羨慕，就要知道一旦自己能做到同樣的成就，此生可以無憾。通常，人都覺得自己不夠好，尤其年輕時，班上只能有一個第一名的學生，如果自己不是，往往會覺得自己比不上別人；但說不定對方只會讀書，說不定自己成績雖然不好，從學校畢業後反而可以大展鴻圖。人生其實是無限開闊的領域，只怕自我設限，在工作上其實也是如此。

◎努力去設定一個目標，然後試著做到最好，莊子能給我們什麼建議？

《莊子》裡談到一些類似的故事。莊子的觀念其實非常貼近常人，筆下的傑出人物都是平凡百姓。他曾提過一位黏蟬的老人和另一位製帶鉤的老人，兩個故事都非常有意思。

在〈達生〉篇記載，孔子帶學生經過一片樹林時，看到一個老人在黏蟬，就像在地上撿東西一樣輕而易舉，一下子就能裝滿一麻袋。黏蟬不太容易，必須準確黏到蟬的翅膀，不然蟬會馬上飛走。孔子發揮好學不倦的精神，為老人如此傑出的技藝讚嘆不已，於是上前請教有什麼祕訣？老人家回答：祕訣倒是有的，我經過五、六個月的訓練，在竹竿頂端放上一顆彈珠，把它綁在上面。竹竿的頂端很細，風吹時就會晃動，綁了彈珠之後根本抓不穩，當然也就很難黏到蟬。我放一顆彈珠可以黏到蟬，除去彈珠之後，黏蟬很少失手；放三顆彈珠可以黏到蟬，十次只會失手一次；等到可以放五顆彈珠之後，黏蟬就從未失手了。經過這樣的訓練，天地雖大，萬物雖多，但我只在乎蟬翼。我不會想東想西，就算拿世間萬物來與我交換蟬翼都不可能，如此又怎麼會黏不到呢！

換句話說，老人黏蟬時心無旁騖，除了蟬，任何其他東西都一概不顧，眼中只見蟬的翅膀。他賴此維生，久而久之，他的黏蟬功力當然出神入化。孔子聽完老人的話之後對學生說：用心專一而不分散，表現出來將會有如神明的作為，指的就是這位彎腰駝背的老人。這老人把自己的工作變成一種藝術，表現出來的成效有如變魔術一樣。

小時候曾讀過一篇課文：有個賣油老翁，賣油時很多人跑來圍觀，因為他倒出的油像一條直線一樣，直接落進瓶中，一滴不漏！在我們平日生活中，我們如果把工作做到得心應手、出神入化的境界，不但自己得到樂趣，也會產生一種特殊的審美效果。孔子對老人的評價是「用志不分，乃凝於神」，用心專一而表現其神巧，此即這則寓言給我們在工作態度上的啟發。

另一則寓言在〈知北遊〉，談及一位專門為將軍做帶鉤的老人家，所謂的「帶鉤」，是古代配在腰帶上的貴重飾品。製作帶鉤是一門專業技術，莊子〈胠篋〉說「竊鉤者誅，竊國者為諸侯」，如果誤解這句話就會嚇一跳，以為小小的魚鉤這麼嚴重，其文中所指即是帶鉤。關於帶鉤，最有名的故事是公子小白（後來的齊桓公）。當時，公子小白流亡異國，曾在戰鬥中被管仲射了一箭，正好射在帶鉤上，當時小白便佯死躲過一劫。那麼，製作帶鉤有什麼講究的呢？帶鉤的製作必須絲絲入扣，講究細膩工法，帶鉤一旦完成，簡直就像珍貴的藝術品。將軍問老人家：你有什麼技巧呢？還是有什麼道術？老人家說，我自二十歲起開始做帶鉤，如今年已八十，別的東西我根本不看，除了帶鉤以外的物件我都不會仔細觀察。這句話說得真好：任何東西都不看，而專注於帶鉤，心意絕不動搖。常言道：「熟能生巧」，六十年都專注於帶鉤製作，才能把帶鉤做得如此精巧無比。這個故事說明，任何一種工作都能從技術變成藝術，重點在於能不能透過外在的學習過程，將規則內化為自己的本能。有一次我搭計程車，司機開車時，我幾乎緊緊閉上眼不敢多看，因為他用單手兩指開車，司機見我害怕的模樣便笑著要我別擔心，他說自己開了二十年車，已經將駕駛的技術都內化了，所以有十成把握，但初學開車的人兩手總是緊抓方向盤，戒慎恐懼、滿頭大汗，只擔心會出狀況。

兩則莊子寓言帶給我們同一種啟發：想做什麼，就該專注去做。

◎寓言裡的兩個老人為何能夠一心專注於工作，如果想達到這樣的修為和境界，是不是得一開始便喜歡工作？面對一份不喜歡的工作，能夠做到專一嗎？

古時候的信息不發達，很多人不會看到新聞提到誰又發了財，誰又怎麼樣了，因此做事比較不會三心二意。再說，古時候的工作也比較穩定，既然做了某一行，生活的目標就是把工作做好。莊子提到的這位黏蟬老人就靠這個工作維生，蟬在古代是種營養品，可以提供大量蛋白質。做帶鉤則是一項高度技術性的工作，從事這樣的工作，一開始是責任，但投入久了，必然會衍生樂趣，到達那樣的境界之後，工作也會變成享受。我們對工作的看法是：人活著就得工作，否則無法和別人建立互動的關係，人沒有勞動便沒有收入，無法生活，而且工作可以從負擔、壓力，慢慢轉變成享受。我們了解之後會發現：不選擇做這件事，就得選擇做那件事，既然做了決定，為什麼不把它做好呢？「享受」的英文enjoy，意思是「在其中得到快樂」，莊子筆下的老人家都是從事一個工作一輩子，才終於能夠覺悟到工作中的樂趣。

人人都想從事自己感興趣的工作，但只有少數人有這樣的能力和福氣。現實社會中，大多數人都在不停選擇，做一行怨一行，總覺得自己的工作沒意思，別人的工作比較輕鬆有趣，但事非經過不知難，看別人挑擔子不重，自己挑了，或許感受就會不一樣。現在許多年輕人面對工作的態度是等待機會。以前，我是什麼科系畢業，我就找適合這個科系的工作，學以致用；但現在很少人可以真的「致用」，往往不只所學非所用，甚至常有所學不是自己喜歡的領域。所以，在這個時代，誰能越早找到自己想走的路，就越有機會甩脫苦多樂少，變成苦少樂多。關於自己對工作的興趣，現在的年輕人很有彈性。很多時候，剛開始做一份工作時真的不太喜歡，也覺得毫無興趣，但做了一段時間便發現，其實自己並非真正討厭這份工作。除此之外，以前覺得自己喜歡什麼工作，往往都是參考他人轉述的經驗，否則就只是羨慕別人做得很好，於是產生了興趣。然而，這些想法尚未經過驗證，很多工作的甘苦，未經實際體驗，其實是沒辦法真正理解箇中滋味的。

一開始或許「幹一行怨一行」，如果可以轉換心態，變成「幹一行專一行」，從不愛變成愛，再從愛慢慢讓自己投入熱情，專心致志，或許就能達到莊子所描繪的工作境界。

《韓非子》中「心不在馬」的故事，即在強調心神專注的重要性。在先秦，趙國有位知名的駕車高手，當時的趙襄王向這位高手學習駕車技術，不久，他自覺學得差不多了，想跟這位師父進行一場比賽，在比賽過程中，趙襄王換了三次馬，每次都落在後面，趙襄王就埋怨對方留了一手，這位駕車高手說：其實我把所有的技巧都傳授給您了，是您運用得不對。駕車時，駕駛人的注意力最重要，要把自己的心思集中於馬上，才可能跑得快；一旦您落在我後面，就只想著要追上我，跑在我前面了，又怕我追上您，無論如何，您的注意力都集中在我身上，如此怎能讓自己確實把握馬的奔跑狀態呢？這故事不但談及「專注」，還提到我們要「專注」的對象。

《論語．憲問》裡孔子曾說：「驥不稱其力，稱其德也。」千里馬稱為驥，不是讚美牠的力氣，而是讚美牠的風格。我們稱讚千里馬，不會說這匹馬跑得很快，而是稱讚牠耐跑，因為牠善於調節自己的力氣，持久維繫自己的動能。《韓非子》中的故事也一樣，駕車時，應該專心於馬的奔跑情況，專注地調節駕馭方法。趙王一心只想著跟別人競爭，卻忘記自己正在駕馭馬。我們在日常生活中，需要對自己的工作有相當程度的專注和了解，對於工作相關的條件也需要設法時時掌握，否則不過只是載浮載沈，身不由己。能夠掌控工作的環境及工作的性質，才可能好好駕馭工作，把工作做得更好，這些都需要透過長時間的訓練。莊子所述那些能將平凡工作做到出神入化的人，必然也經歷了類似的過程。

◎莊子中的著名故事「庖丁解牛」，是不是旨在闡述專心致志的修練？

這個故事收錄於《莊子・養生主》，講述一個專門宰牛的廚師叫庖丁。現在有些人聽聞這個故事或許會覺得宰牛血淋淋的，慘不忍睹，但庖丁不然，當時的國君文惠君看庖丁竟能將解牛變成一種表演，也覺得十分佩服。庖丁解牛前，必須把牛頂在屋角，除此之外，肩膀抵靠在什麼地方，腳要踩在什麼地方，全部都有一套規矩。這一踩、一靠、一碰，牛身上的骨頭就發出聲響，彷彿在演奏音樂。我們現在很難想像，牛的骨頭發出的聲音居然可以合乎音律，變幻為曼妙的樂曲。庖丁接下來的解牛過程又更精彩了，他以宛如具備X光透視的眼睛看透一頭牛的內部構造，彷彿把牛的皮和肉都化掉了。他的解牛刀用了十九年，上頭沒有留下任何缺口。為什麼呢？因為刀薄，沒有厚度，牛的骨頭與骨頭之間、筋絡與筋絡之間卻存在很多縫隙。超薄的刀進入牛的身體，顯得游刃有餘。令人驚訝的是，庖丁把牛解完之後，牛竟好像不曾感覺痛苦，旁邊圍觀的人則像看了一場精彩的表演。

庖丁解完牛之後的神態如何？莊子在描寫人最得意的時候，居然是描寫庖丁「提刀而立，為之四顧，為之躊躇滿志，善刀而藏之」。提著屠刀站立，環顧四周，意態從容而志得意滿，然後把刀擦乾淨，好好收藏起來。《莊子》裡只有兩個人物可以展現這樣的迷人風采，一個是庖丁，另外一個是楚國宰相孫叔敖。在〈田子方〉篇，孫叔敖完全不把宰相這個職位放在心上，當宰相與不當宰相的時候都一樣自在、一樣躊躇滿志。孫叔敖身為宰相，我們可以理解他為何躊躇滿志，但庖丁僅僅是一個勞動者，卻可以把自己的分內工作做得如此完美，以致反映出自得、自信的意態。這場演出讓文惠君體悟了兩種養生之道。什麼養生之道呢？其一，「依乎天理」，天理即自然的條理，既然是一頭牛，就會有屬於牛的結構，這就是自然的條理；其二，「因其固然」，「固

然」是指事物本來的樣子，就是這頭牛本身的特色。做一件事要先透徹明白普遍的條理是什麼，再看它本身的特色，然後找尋最關鍵的地方下手。像庖丁把整頭牛處理完畢，恐怕牛連自己被解體了也沒有感覺，這樣的解牛過程對牛好，對庖丁也好。

庖丁的技藝當然不是天生的，必然經歷了長期的磨練。庖丁說，一般工人一個月便需要更換一把刀，因為拿刀亂砍，一抵到牛骨頭，刀便有了缺口；優秀的工人一年換一把刀，而他則是十九年沒換過刀。因為，他解牛三年之後，眼睛所見已非全牛，只看到牛的骨頭、骨架，順著牛的自然結構和本來的樣子，便可以輕鬆解牛。我們做任何事，都要有完善的工具及配備，「工欲善其事，必先利其器」；同時，我們還要對從事的工作有深入的了解，包括以前的人怎麼做、做的效果如何，再配合長期訓練，如此才可能心隨念轉，很輕鬆地把事情搞定。

◎從莊子寫兩個地位懸殊卻一樣躊躇滿志的人看來，莊子心中似乎沒有地位高低、職業貴賤之分，他所尊敬的，也許就是技藝精湛，能將工作化為藝術的人。所謂「三百六十行，行行出狀元」，其實很符合莊子的價值觀。但人人都可以將自己的工作變成藝術嗎？

要想投入工作，使工作臻於藝術境界必須具備兩種條件。第一，不斷磨練技術。技術純熟，外在的規則才能內化為本能，舉重若輕。第二，必須具有創意。所謂創意，就是把每天都當作全新的一天，每次做同樣的事情也不覺厭煩。一般人如果每天重複做同樣的事，用重複的方式來應對，久了便會對工作感到厭倦。我教書三十多年，常會覺得無聊，因為每次上課的內容都差不多。面對這樣的情況，就要把每天都想成是全新的一天，今天跟昨天不同，今天是嶄新的一天。我面對學生時便會想：每年的學生都不一樣，即使面對一樣的學生，今天跟昨天也是不一樣的。讓自己清楚意識到每天不一樣，在觀念上先感受到生命是不斷更新的一種動態處境。所謂「創意」，就是把自己當作新生命，把所有的外在條件都當成新契機，今天做的和昨天做的有些許不同，因為是不同時間、不同對象、不同環境與不同的接觸方式，創造了更多不同的條件，讓每一次的經驗都有新的力量湧現，如此自然可以避免「重複而乏味的」困擾。

人如果從事一份自己熱愛的工作，的確是幸福的事，但世上並非人人都能享受到這一份幸福。因此我們要轉個方向思考，自己有了工作，又不斷有新的創意出現時，就要把這種快樂轉移到生活中，常常加以體會，身邊的許多人就算與自己天天見面，每次見面也都是嶄新的。讓自己保持好奇心，小孩子比較容易快樂，就是因為他們保持好奇之心，經常問「這是什麼」、「為什麼這樣」、「為什麼那樣」，每天都問些問題。一旦成年後就很少問了，事事都認為本當如此，即使是人與人來往，也都視為理所當然。譬如，朋友倒了一杯咖啡給我，我心裡會想，老朋友了，給我咖啡是應該的，所以不會特別心存感謝；然而，一個陌生人倒了一杯咖啡給我，我便會覺得非常感謝，認為對方對我太好了。為什麼明明是一樣的行為，老朋友的體貼你沒有感受到，陌生人釋出的善意卻使你如此感謝呢？因為一旦熟悉了，便很容易被我們視為理所當然。人就是應該避免這樣的錯覺，我們要記得，無論任何人，包括父母或親人，只要對我表現一點善意，都是對我體貼或示好，我也都應該把它當作生命裡的第一次，試著用心去感受它，並且欣然接受它。我們應當把每天都當作新鮮的日子，因為每天都有新的挑戰，如此我們才能在習慣的重複行為中不斷得到新的樂趣。

我教書超過三十年，每一次走上講臺，我都對自己說，這是我第一次上課。這樣一來，我就可以恢復三十多年前第一次走上講臺的心情。如果我心中沒有這樣的念頭，恐怕學生也會覺得我授課無聊：這個老頭還在講那重複的一套。如果上臺時，我對自己說：今天是我第一次上課，會讓自己感受到一股新鮮的力量，學生也很容易忘記我的年紀，覺得這位老師對我們很感興趣，好像他其實並不太老。我們必須自己對工作感興趣，對周圍的人感興趣，因為自己的這種心態，別人也能感受得到。人活著只有一次，每天都是不同的一天，所以我們都該善加珍惜。

◎**現在，很多人面對激烈競爭也能做到專注，但專注的對象是：今天有沒有人超過我？明天有沒有人工資拿得比我多？後天有沒有人的業績比我好？這樣的心態對嗎？**

抱持這樣的心態，恐怕會給自己很大的壓力，就像我們常說的「比上不足、比下有餘」。與其去比較各種外在條件，計較命好不好，還不如專注於工作，在工作中尋求自我與社會的聯繫。我們職位也許不是很高，從事的工作也許不是多重要，但整個社會少了自己這份工作也不行，既然在做，就該把它做好，讓別人都放心。

英國海軍大將納爾森說過一句話：英國期望每一個人都克盡自己的責任。美國總統甘迺迪也有一句名言：不要問國家為你做了什麼，要問你為國家做了什麼。西方有這樣的觀念，因為他們認為每個人的工作都是神聖的。只要是正當的工作，對社會都會產生正面、積極的影響，任何工作都能彰顯特定的價值。如此思考，便不會徒然在業績或收入上做無謂的比較，卻忽視了每一份工作本身的價值。

◎莊子的寓言中好像很少提及跟別人比較。莊子是不是認為，我們應該避免在工作上與他人競爭，應該更重視自己是不是自我超越，戰勝了昨天之我？

我們很難說莊子是不是有這樣清晰的論點，我們只能推測他也許會有這樣的想法。莊子較少談及與他人合作的事，因為莊子寓言中提及的幾個代表人物都有一定年歲了，他們專心做著自己的工作，一般來說跟別人也沒有合作或比較的機會。

同過去的自己相比，以前做得如何，自己心裡有數，有時候，累積的經驗是無法言詮的。就像〈天道〉篇的輪扁老人，他說技術不能傳給自己的兒子，因為只有自己的手才知道如何掌握靈巧的程度，這樣的感受無法言傳，僅屬於個人的體會，更無法用文字來闡述。同自己比較，其實是一種永無止境的追求，也是自我極限的探索。人生的最大挑戰，其實是要戰勝及超越自己，既然是跟自己比較，因而也沒有絕對的標準。不只道家如此，孔子自述生平，從「三十而立」、「四十而不惑」，一路到「七十而從心所欲不踰矩」，如果孔子活到八十，境界肯定還會更高。換句話說，他也是每天都在跟自己的過去相比，想要超越自己，生命在這樣的狀態下，身、心都有往上提升的空間，才是較正確的人生觀。

我們每天都要在工作中超越，超越的目標到底是什麼？一種是超越我周圍的對手，另一種是不管周圍的人如何，只看有沒有超越昨天的自己。顯然，莊子比較贊成第二種。第三種則是跟歷史人物相比，如同「秦皇漢武，略輸文采」般跟歷史人物相較，因為我們今天在做的事，過去曾有許多人做過，將來也還會有人持續地做下去。人往往會想，我如何在人類世界裡做到自己最傑出的表現程度，讓別人、也讓後人知道我的表現。如此一來，工作的價值在內不在外，在人不在物，每個人都有機會展現生命的無限潛力，光是這一點體認就足以讓人活得開心了。

延伸閱讀

1.《莊子・達生》

雖天地之大，萬物之多，而唯蜩翼之知。吾不反不側，不以萬物易蜩之翼，何為而不得！

孔子顧謂弟子曰：「用志不分，乃凝於神。其痀僂丈人之謂乎！」

2.《莊子·知北游》

大馬之捶鉤者，年八十矣，而不失豪芒。大馬曰：「子巧與！有道與？」曰：「臣有守也。臣之年二十而好捶鉤，於物無視也，非鉤無察也。是用之者，假不用者也。以長得其用，而況乎無不用者乎？物孰不資焉！」

3.《莊子・養生主》

臣以神遇而不以目視，官知止而神欲行。依乎天理，批大郤，導大窾，因其固然。技經肯綮之未嘗微礙，而況大軱乎！

……

提刀而立，為之四顧，

為之躊躇滿志，善刀而藏之。
文惠君曰：「善哉！吾聞庖丁之言，得養生焉。」

4.《莊子・天道》

輪扁曰：「臣也以臣之事觀之。斲輪，徐則甘而不固，疾則苦而不入，不徐不疾，得之於手而應於心，口不能言，有數存焉於其間。臣不能以喻臣之子，臣之子亦不能受之於臣，是以行年七十而老斲輪。古之人與其不可傳也死矣，然則君之所讀者，古人之糟魄已夫！」

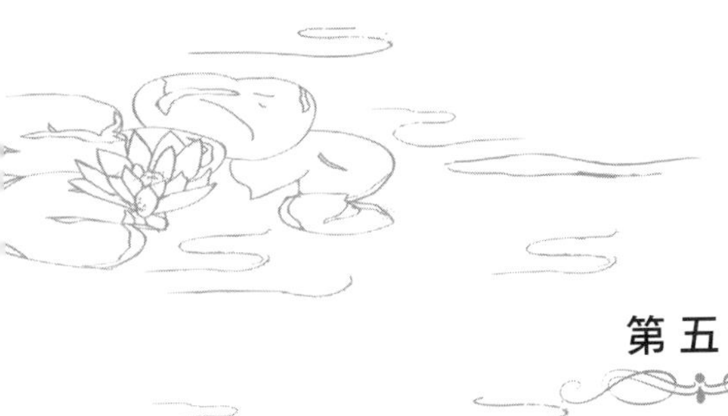

第五講

孝順的境界

・儒家講孝，莊子也講孝嗎？

・履行孝道在道家與儒家的理念裡有什麼根本的差異？

・要如何做到莊子說的「忘親」和「使親忘我」？

・在莊子的思想中，如何詮釋個人行孝與天下人之間的關係？

孝是儒家倫理思想的核心，《論語・學而》記載，有子曰：「孝弟也者，其為仁之本與。」孝是中華民族傳承了幾千年的美德，但孝順父母的方式不對也會惹出麻煩。不久前有這麼一則新聞：一位高齡老太太，老伴去世後一直和兒子一起生活，兒子很孝順，老太太衣來伸手、飯來張口，誰知有一天，老太太沒和人商量，自己住進了養老院。兒子不理解，死命勸老母親回家，誰知來來回回勸了好幾次，老太太竟一紙訴狀將兒子告上了法庭。難道孝順父母，最後反而成了被告？

◎履行孝道，是不是也有需要注意的地方？

儒家認為，孝順的前提是要了解父母的意願與需要。總結儒家的方法，無論孝順父母或交友，只要是人跟人相處，都要考慮三點：第一，內心感受要真誠，譬如要真心行孝。如果孝順流於表面和形式，就不是真正的孝；第二，溝通並理解對方的期許，譬如，母親自己住進養老院這件事，子女應該事先與母親溝通，了解母親真正的需要是什麼，明白母親對生活有什麼期許，也許母親認為在家裡沒人理會，深感孤單，而養老院有很多人可以聊天，說不定母親的期許不是在家裡過舒服日子，而是希望能有人陪伴相處；第三，尊重社會規範，如果母親的自主意願是住養老院，做兒子的就該送上養老金，好好奉養母親，並且經常前去探望。

◎儒家講孝，莊子也講孝嗎？

莊子對於孝順當然是肯定的，但他的肯定還是借用了孔子的話，換言之，莊子把孔子當作自己筆下的一個角色，讓孔子替自己說話，透過他來表述自己的觀點。莊子在〈人間世〉篇指出，孔子認為天下有兩大戒律，活在人間便無法避免：第一是「命」，第二是「義」。其中的「命」，就是子女對父母的愛慕之情，它是人內心始終無法化解的情結，乃人所不能免。這說明莊子肯定孝順出自天性。然而，怎樣才算真的孝順？這一點，莊子與儒家的觀點有所不同。

在《莊子・天運》裡特別提到孝順的六個階段，如果就這六個階段來檢驗，儒家只強調了前兩個階段，莊子在這兩個階段之外又揭櫫了四個更高的孝順境界，但我們不能依此判定莊子的境界比孔子高。儒家的孝順是要做到「敬」、「愛」，用恭敬與愛心來行孝。這兩點莊子完全認可，除此之外，莊子還有第三步：「忘親」，孝順的時候，忘記父母親；第四步：「使親忘我」，孝順的時候，讓父母親忘記我是他們的子女；第五步：「兼忘天下」，孝順的時候，同時忘記了天下人；第六步：「使天下兼忘我」，孝順到天下人也都忘記了我的孝順。

我們必須理解，孝順必然是從小到老的過程，因為人的生命是一貫的，從小掌握了「尊敬」和「愛心」這兩點孝順的基本態度之後，隨著時間慢慢成長，便會在孝的實踐之中，敦促自己再往上提升。

我想可以先補充說明儒家談到的「敬」、「愛」這兩點。《論語・為政》裡談到尊敬父母方面有一段話：「子游問孝。子曰：『今之孝者，是謂能養。至於犬馬，皆能有養。不敬，何以別乎？』」子游請教什麼是「孝」，孔子說，現在所謂的「孝」，是指能夠侍奉父母。然而，就連狗與馬也都能服侍人。如果少了尊敬，又要怎樣區分這兩者呢？孔子這麼說的用意是，如果光是奉養父母親卻缺乏敬意，那跟狗、馬服侍人有什麼差別呢？因此，論及「敬」時，孔子特別強調由衷而發的尊敬之情。

其次，子夏問孝時，孔子闡述了「愛」的原則。「子夏問孝。子曰：『色難。有事，弟子服其勞；有酒食，先生饌；曾是以為孝乎？』」子夏請教孔子什麼是「孝」。孔子說，保持和悅的臉色最難。有事要處理的時候，便由年輕人代勞；有酒菜食物，便讓年長的人吃喝；這樣就能稱為孝了嗎？孝順父母時，保持和悅的臉色最難。僅僅是讓父母吃飽喝足，如果子女臉色難看也不行，尤其子女到了中年之後，父母年紀老了，身體難免常有病痛，就需要請子女帶自己去醫院，這個時候，父母也許就得看子女的臉色了。因此，孔子提醒我們，內心裡有真正深刻的愛心，臉色就會非常和悅，任何時候對父母都會好言好語，這就是「愛」。職是之故，雖說莊子闡述的孝順之道有六個層次，但能好好做到儒家曉諭我們的兩個原則，就是非常了不起的事了。

前兩個層次還算容易理解，今天談孝道時也做如是要求。第一要尊敬，因為孝順本身還有一個說法叫「孝敬」，不光是表現孝的舉止，還要打從心底尊敬父母。第二是真心真意去愛，以真誠的孝心來配合具體的孝行。接著，莊子談的第三個層次「忘親」，就比較難以理解了。舉例來說，青少年會經過一個成長階段，有別於小時候與父母的親密相處，到了念中學時，我們或許就不希望父母知道自己太多的事，這背後代表一種想法的轉變：我們開始體認自己需要自主，並認為自己跟父母不一樣，自己想要發展自我時，父母就會來管教約束自己。在這樣的情況下，孝順時沒有辦法忘記父母是父母，親子之間有無法避免的隔閡和距離感，也就是所謂的「代溝」。所以，如果真的孝順到忘記父母是父母，或許就可以把父母當朋友，其實，那樣的相處模式反而可以讓父母開心。我自己也為人父母，孩子如果到了中學階段願意把我當朋友，忘記我是父親，我也會感到非常開心。但在現實生活中要做到這一點並不容易，因為現在的中學生大都給自己的隱私上了一把鎖，裡面可能藏著自己的內心祕密，這祕密即便願意與同學分享，也不會輕易向父母吐露。所以，要做到「忘父母」的境界是相當困難的事。莊子在〈庚桑楚〉篇有幾句話很有趣，他說，假設你在路上踩到陌生人的腳，你會立刻道歉；踩到自己兄弟的腳，或許會問問踩痛了沒；踩了自己父母的腳，卻往往只會表現得毫不在乎，好像父母的腳本來就該被你踩似的。也許那出於一種直覺的想法，認為反正對方是父母，是最親密的親人，不經意踩了腳，他們一定也會諒解。有時候，所謂的「忘」，就是情感深厚到互相信賴的關係，互信到了一定程度，就會變成「你的就是我的，我的還是我的」，同時也會忘了父母與子女之間的身分差異。

◎我們說到「忘父母」，使親子之間相處起來沒有隔閡，讓父母成為自己的好朋友，這一點很容易讓人聯想到西方社會普遍的親子關係，他們的父母和孩子之間好像比較接近平等的朋友關係，互動模式也較不強調父母與子女間的輩分之別。有時我們也會發現，西方的孩子見到父母便直呼其名，這是不是有點類似莊子說的「忘父母」境界呢？

我想到在美國讀書時的一段經驗，有位美國教授學問非常好，一次聊天時，他提到自己的兒子現在開卡車開得可好了。在我們華人社會裡，或許會覺得孩子以開卡車為職業，並不是什麼特別榮耀的事，有些人甚至會刻意不去提起，但這個做父親的卻覺得開卡車沒什麼關係，兒子是兒子、我是我，我們是兩回事，各自負責自己的人生。

西方社會這樣的概念自然有其文化背景，譬如基督教的思想。在西方宗教觀裡，你進了教堂，不管是祖父母還是孫子女，統統都要一起跪下來說「我們在天上的父」，既然是一起面對「在天上的父」，「我們」也都變成兄弟姐妹了。所以，他們很容易從我們所謂上下長幼的嚴格尊卑觀念中跳脫出來，變成一種平等的關係，在那樣的信仰背景下，大家面對一個共同信仰的對象，使他們在家庭裡不會刻意去區分彼此，也不認為父親就該有父親的樣子、母親就該有母親的樣子。

西方子女直接稱呼父母的名字，看起來好像忘記父母是父母，但事實上卻未必如此，因為他們缺乏儒家強調的前兩階段。如果沒有「敬」與「愛」，直接跳到第三階段，就會變成類似在街上碰到陌生人、彼此交換名片的情形，如此好像便與孝順沒有什麼直接關聯了。

◎要做到「忘父母」已經是很不容易，比「忘父母」更高一層，為什麼是「使親忘我」，讓父母忘記我呢？

在更高的層次裡，莊子認為子女可以孝順到讓父母忘記子女是子女。父母難免會有父母的煩惱，有時候父母在說話，孩子一進門，父母就不再說下去了，這種情況是因為父母認為有些話不適合說給孩子聽，希望孩子不要聽到。如果你能孝順到讓父母把你視為親密的朋友，無論他們談論任何話題都不需要刻意迴避你，那真的是更高的層次了。

二十四孝中有個老萊子的故事，叫「戲綵娛親」。這個老萊子是春秋時代楚國的隱士，為避戰禍，自耕於蒙山南麓。他非常孝順父母，盡揀美饌供養自己的雙親，七十歲尚不言老，經常穿著五彩花衣、手持撥浪鼓，如小孩般戲耍，藉此博取父母一展歡顏，讓父母不覺得他們已經老了。老萊子的孝行與莊子談到的「使親忘我」境界相仿，不過說實在的，一般人很難做到。

我有個朋友在學校教書，兒子讀高二時，他帶兒子一起看電影，電影裡的鏡頭有男女接吻的畫面，他便把兒子的頭給壓下去，說不適合孩子看。兒子便偷笑，說自己都高二了，還有什麼沒看過呢？這就是父母親始終念念不忘「我

是父母親，你是小孩」，不想讓孩子知道大人領域的事，同時，這也表示孩子孝順得還不夠，沒能達到莊子的標準，尚無法孝順到讓父母忘了他們是父母、忘了你是子女，並且把你當朋友。我們今天一再提到「忘」，能夠達到「忘」的境界，在莊子或道家思想裡很受推崇。

◎如何做到「忘親」和「使親忘我」？

親子關係裡，彼此經常溝通最重要。我們小時候，父母忙於事業，轉眼之間，孩子從小學進入中學，有一段時間與父母之間不太說話，如果這樣的互動方式持續下去，以後父母和子女就很難再說貼心的話了。

要解決這個問題，或許有個方法，就是找尋可以共同參與的活動，長期努力一起投入。以我的方式來說，從女兒讀小學開始，我便設法每個月帶她看一場電影，看完電影後，彼此就會有共同的話題了。人跟人說話，最好不要把焦點放在對方身上，譬如一見面就說，哎呀，你怎麼又胖了。有些人最怕聽到這樣的話，尤其是女生。當你把話題焦點放在對方身上，無形間對方就有了壓力。怎麼做最好呢？父母和子女一起看電影，一起做同一件事，結束後彼此進行討論，就能比較了解對方在想什麼，譬如孩子討厭電影中的某某角色，既然孩子討厭，父母就要避免成為那樣的人。因為父母和子女生活在一起，叫做「命」，「命」是不能改變的，是很深的一種緣分，與其以高壓的方式去規範或要求孩子，希望孩子達到自己的標準，還不如設法化解歧異，把焦點放在其他地方，接受「我們都是同一個家庭裡的人」。莊子在〈大宗師〉篇裡說，魚最好一起處於江湖之中，忘了對方是誰，也忘了自己是誰，否則一旦沒有了水，離開了江湖，只能「相呴以濕，相濡以沫」，一天到晚互相安慰，互相鼓勵說「你很好，我很好」，這樣活著太累了。

◎以莊子提到的兩種孝順境界來說，具體上我們可以如何做，才能讓孝順臻於這兩種「忘」？

首先，要孝順父母，做到忘了父母是父母，就不該老想著「父母會管我」。當你把父母當作朋友，彼此經常溝通，很多事情都能交換意見，保持密切的互動關係。如此一來，父母就會開心，認為孩子不只是把自己當長輩，只想保持距離。其次，想孝順到讓父母忘了我是子女，到底該怎麼做呢？這一點比較困難，因為父母有他們自己的個性，做子女的要讓父母跟子女相處時好比如魚得水，不會認為大人講話時不想讓你聽見，不會把你當作小孩，而是把你當成朋友。

對我來說，我是年紀稍大之後才能體會這一點。因為我的母親身體不好，半身不遂近三十年，所以我自己中年之後，每逢週末都會陪父母打麻將，打麻將會有輸有贏，有時喧喧嚷嚷，很是熱鬧，父母與子女這個時候相處起來最沒有距離，因為歡娛的氣氛，很快便能打破彼此心裡的界線，很像我們說的，「上了牌桌，六親不認」，大家都能打成一片，其實，這也正是我的目的。有時候，最令人感動的是父母對子女撒嬌。我們都只知道子女會對父母撒嬌，其實，父母年紀大了之後，有時也會撒嬌，只有在這個時候，父母才會顯露他們真實的天性，這時父母也等於忘了你是子女。譬如跟父母打麻將時，父母有時還會跟我們「求情」：這張牌不要吃了，放一馬吧。

◎**很多孩子在青春時期，覺得父母設置了一個界限規範了自己，父母與我們無法排除彼此間的隔閡。若干年後才會發現，當我們把自己成功或快樂的體驗與父母分享時，父母也會為我們開心。作為子女，如果只是一味追求讓父母開心、不讓他們為自己擔心，是不是並沒有忘記父母是父母？此外，孝順時忘記天下人又該如何理解？**

原則上，我們不能報喜不報憂，譬如，身體有狀況卻隱瞞父母，哪一天突然變得更嚴重的話，父母會更承受不了。與其如此，還不如用適當的方式，把自己的情況，如成功、失敗、個人感受等，都讓他們知道，像好友一樣無話不談，父母才會覺得你把他們當成知心的朋友，心裡才會踏實。所以，要努力與父母達到生命共同體的境界，因為一家人本來就是同命的，我們的遭遇有好有壞，都應該與家人一起分享及分擔。當你將自己的一切向父母敞開，相對的，父母自然也會向你敞開，如此，不就抵達父母和自己彼此相忘了嗎？看來，我們還是能夠找到通往第三步和第四步的路徑。

那麼，又該如何才能夠做到忘記天下人呢？孝順的時候忘記天下人，意思是：根本就不去管天下人如何判斷你孝不孝順。有個父子騎驢的故事。父子兩個人趕驢進城，父親騎在驢背上，兒子走路，路人見了便說，這個做父親的不夠慈愛，自己騎驢卻讓孩子走路。父親聽了之後就從驢背上下來，換兒子上去騎；這時又有人說了，這個孩子真不孝，自己騎驢，卻讓父親走路。然後，兒子只好又下來，換成兩人一起騎，路人見了又說，他們對驢子太虐待了，兩個人那麼重，居然同時騎在驢身上。兩個人最後只好下來，這一下來之後，旁邊又有人說，有驢子不騎，怎麼那麼笨呢？簡直無所適從。這對父子太在乎別人說了什麼，太難忘記天下人的品頭論足。一旦太在乎別人說的話，最後往往會變成無所措其手足，連該怎麼放手放腳都不知道了。

很多時候，我們也會考慮到這一點，譬如，我上課會提到自己跟母親打麻將的事，別人怎麼說都不會影響我們的快樂。人與人來往也是一樣，有人會在旁邊說一些風涼話，說到最後，當事人反而不知道該怎麼做了。孝順父母不是做給別人看的，是自己想清楚該怎麼做就怎麼做，只要自己問心無愧，父母也覺得開心就好。所以，莊子認為，行孝的第五步是：不必在乎天下人怎麼看你，最重要的是自己跟父母相處得愉快，其樂融融。

◎ 莊子認為孝順的最高境界是「讓天下人都忘我」，這句話該怎麼闡釋才對？

這一點也難以言詮。道家的「道」代表整體，宇宙萬物是一個整體。在這個整體裡，就好像處在江湖中一樣，我們都是魚，在江湖裡根本不必區分彼此。所以，我孝順的時候，同時讓天下人都忘了我在孝順，天下人都認為本來就是如此。儒家常說，人要好好接受教育，學會怎麼孝順父母，但這些都是本該如此。莊子說，子女愛慕父母是自然的、與生俱來的命，只須順性發展，孝順並不需要透過後天的學習。世上有了「孝」的要求，才會與自然相悖。孝順父母時，天下人都不覺得你在行孝，因為本來就該如此，這即是最高境界了。

這一點正好是莊子思想中非常關鍵的概念。莊子肯定一個社會的存在，但社會預先為人設定了「忠孝仁義」等所謂道德價值的條目之後，麻煩就來了，為什麼呢？你一說孝順，馬上就有人裝出孝順的樣子，只為了博取世人的讚譽。所以，莊子並不是反對儒家，他反對的是儒家造就了各種價值標準之後，很多人就只知一味迎合這些標準，表面上裝出仁義的模樣，其實缺乏真誠的心，到最後就變成虛偽了。莊子最討厭虛偽，所以孝順的最高境界，正好就回應了莊子的根本思想。

儒家的孝與莊子所提倡的孝，在本質上是一樣的。不過，儒家是用一種規範的方式來引導人行孝，而莊子認為，孝順根本不需要訴諸外在的規範，這可能就是他們對於孝的理解之最大的歧異。儒家適合一般人心性的發展過程，因為人們從小便在社會上接受規範、慢慢成長，只是這條路走得比較辛苦。而道家呢？它適合少數有慧根的人，一旦覺悟了，從「道」作為整體來看，根本沒有任何規範是必要的，但是，只有極少數的人可以領悟這樣的智慧。所以，我們平日生活中，還是依循儒家的倫理要求，一步一步慢慢走比較妥善。孝順從「敬」開始，提升到「愛」，然後再往上走，如果缺少了儒家所詮釋的「敬」與「愛」，恐怕就天下大亂了。或許我們可以把儒家、道家比喻為火車的雙軌，火車沒有雙軌不能行駛，但仍舊有其順序，一般人最好以儒家思想作為基礎。我們的人生困惑固然可以請教莊子，但最好是在到了一定年齡之後。如果一個青少年想遵循莊子的精神，恐怕很容易造成誤解。在孝的一層層要求中，唯有不斷提升自己，最後才可能真正達到圓滿的境界。

延伸閱讀

1.《莊子・天運》

以敬孝易，以愛孝難；以愛孝易，而忘親難；忘親易，使親忘我難；使親忘我易，兼忘天下難；兼忘天下易，使天下兼忘我難。

第六講

不迷信的智慧

・人的命真的能被算出來嗎？

・如果人真有命運，能夠左右命運的最根本因素是什麼？

・莊子對於算命這件事怎麼看？

・算命本身並沒有特別的科學依據，命運本身到底有什麼決定性的因素或規律可循？

・在莊子的理解裡，一個人的命運是可以改變的嗎？

有一位秀才赴京趕考，考前兩天做了兩個夢，第一個夢是自己在牆上種白菜，第二個夢是下雨天他帶了斗笠還打傘。翌日，秀才找了算命的解夢，這算命的一聽，大腿一拍便說，你還是回家去吧，高牆上種白菜，那不是「白費勁」嗎？頭上戴斗笠還打著雨傘，那不是「多此一舉」嗎？秀才一聽心裡很難過，回旅店收拾包袱準備回家。但是，店老闆聽了他的夢卻樂了，他對秀才說：牆上種菜，不就是「高中」嗎？戴斗笠打傘，不就「有備無患」了？秀才聽完覺得有道理，遂精神振奮，參加了考試，結果居然高中探花。同樣的夢，為何有如此不同的解釋？

◎人的命運真能被算出來嗎？

這一點要看我們從哪個角度去理解。關於解夢的故事，《莊子・外物》裡有一篇相關的資料，宋元君半夜夢見有人披頭散髮，在側門邊窺視，並且說：「我來自名為宰路的深淵，我被清江之神派往河伯那裡，漁夫余且捉住了我。」第二天宋元君召開會議問，漁夫裡面有叫余且的嗎？負責漁業的大臣說，有的。於是便找他來謁見國君。宋元君問漁夫最近捕魚捕到什麼？漁夫說，捕到了一隻白色烏龜。宋元君說，拿來獻給寡人。既是國君，當然可以要求進獻，結果，這隻白龜好大、好漂亮。宋元君開始思考到底要留它還是殺它？因為古人相信以烏龜的甲殼來占卦特別靈驗。他便請負責占卜的官員幫忙占占看，到底是殺了好還是養著好。占卜的官員一占，殺了好。宋元君便殺了烏龜，挖肉取殼，拿它的殼來占卜，占了七十二次都沒有失誤。

莊子常以孔子作為寓言裡的角色。莊子講完這段寓言，然後借了孔子之口說：這隻白龜可以託夢給宋元君，但卻無法避開漁夫的漁網；可以連占七十二次都準確，但卻不能算到自己被殺的命運。孔子於是下了結論：「雖有至知，萬人謀之。」再怎麼有智慧，一萬個人聯合起來圖謀，還是無法抵擋。所以，人應該不要太相信算命、託夢之事，應該多掌握並了解現實情況，如此一來，對於保住自己的生命、發展自己的人生，才是比較健康與積極的態度。

◎白龜能替人算命，卻不能算出自己的命，萬一算出自己的命該怎麼辦？如何逃脫命運安排？有個故事說：有一位算命先生，一輩子從沒算錯過，有一天，他給自己算了一卦，卦上居然說，自己幾天之後便會死，但幾天之後，卻什麼事也沒有發生，算命的一想：難道自己的一世英名就要這麼毀了？於是他乾脆自殺，用自殺來應驗自己的卦。人生到底有沒有所謂命運的安排？

「命」這個字，把它解釋成「遭遇」，或許可以說得比較清楚。因為每個人都有遭遇，譬如：生在何時何地？在哪一個家庭裡出生成長？在哪個學校讀書？求學時遇到什麼老師？在社會上碰到什麼樣的同事和朋友？人的一生充滿了各種遭遇，每一種遭遇都是因為前面設下了條件，發展的可能性就受到限定了，在幾種受限定的可能性之中，所謂的「命」，即是其中的一種可能性應驗了。一般人都對自己的命運感到好奇。其實不管算不算命，人都會有自己這一生要走的路，也會有某些看似無法規避的遭遇；每個人都希望自己的遭遇能變好，又想事先知道，所以才會去算命。算命結果有好、也有不好，如果算出來說幾天或幾年以後會有什麼壞事，知道了就會難過；如果算出來是好的，知道了便欣喜若狂。我對算命的看法比較寬容，不會嚴格加以批判。因為東方人喜歡算命，與西方人喜歡看心理醫生，其實有類似的效果。當一個人不知道自己的前途如何、又感到非常苦悶的時候，可能選擇用算命來排遣焦慮，或者說，是給自己一點希望吧！

◎莊子對於算命這件事怎麼看？

在《莊子・徐無鬼》中，有個故事正好是我們所謂的算命。有一個人叫子綦，共有八個兒子，他想知道哪一個兒子的命比較好，於是找了一個叫九方歅的算命先生。九方歅一算便說，梱這個兒子的命最好。子綦問，他的命怎麼個好法呢？九方歅回答，你這個兒子終生跟國君一起吃飯、喝酒，子綦一聽便開始哭泣，他說：「吾未嘗為牧，而牂生於奧。」我家裡沒有牧羊，房間裡怎麼可能會出現羊呢？很多事情沒付出努力就得到收穫，恐怕會有後遺症。父親說，我叫我的兒子們要好好與自然共處，不要有分外的念頭，現在好好一個兒子居然跟國君一起吃飯、喝酒，代表他將來會有可怕的遭遇，所以我哭。算命先生就責怪他，說兒子有福氣，做父親的沒福氣，世俗認為好運，你卻痛哭流涕？後來算出來的命果然應驗了。如何應驗了呢？子綦叫梱去外地辦事，梱在路上被強盜擄走，又把他的腿砍了，然後賣給齊康公當看門人，齊康公吃什麼，便分一份給他吃，這完全應驗了相士的說法。他真的有和國君一起吃喝的命，可是付出的是身體與心靈上慘痛的代價，這樣能算有福嗎？所以他父親一聽到相士的說法就痛哭流涕。相士只負責算出結果，不能算出中間的遭遇，也不能真正判定命到底是好還是不好。當事人哭笑不得，而別人以為是好命，不知道這個結果背後的代價到底有多大。

從古至今，由中到西，算命的故事多得不得了。孔子為什麼「不語怪、力、亂、神」呢？因為談得多了，很多人就會幻想自己的好命，什麼都不做；命不好的可能認為努力也是徒勞，選擇消極放棄。譬如，一個學生去考大學，如果跟他說一定考得上，然後他不用功，最後沒有考上，誰該為他的命負責？若跟他說，本來會考上的，但你自己不用功，所以命也改變了。這樣一來，到底算命準還是不準？有時候，我們或許可以算出一個結果，但卻永遠無法驗證這個結果到底對還是不對。將來出現任何一種結果，算命的人都能說出一番道理，無論如何都會把這個具體的結果給說圓了。

◎在莊子的理論中，有沒有所謂改變命運這一說？

莊子其實不太注意改變命運的問題。我們常講「逆來順受」，命不好表面看起來很苦，但事實上也是一個機會，一個人面對不好的遭遇時，其實正是沉潛自己、修練自己最好的時機。這幾年教育界很多人在智商之外，還提倡「情商教育」，再一步則提倡「逆境智商教育」。這三種智商分別與「知」、「情」、「意」有關。首先，智商指學習方面的能力；其次，情緒智商現在很流行，即所謂的EQ，就是調節及控制情緒的能力。第三種，「逆境智商」則是AQ，AQ的A是指「逆境」，英文裡的adversity，意思就是什麼事情都衝著我來，想做什麼都做不成功，心想事不成。現在西方也有書專談AQ問題，書裡特別強調，遭遇困境時，你可以選擇放棄、消極忍受，也可以積極地培養自己的專長、發展自己的潛能來應對。台灣有句俗話說得不錯：吃苦就是吃補。找苦吃，有時也是對自己能耐的一種提昇。古人說「吃得苦中苦，方為人上人。」西方描述天才，有一句話講得很生動：天才只是長久的耐苦。你耐得住苦嗎？耐得住寂寞嗎？如果你能在別人都放棄的時候繼續堅持，在別人都去歡樂的時候苦撐下去；或者你命不好，小時生活窮困，因此反而能激發內在的能量。很多偉人都在年輕時受苦受難。根據統計，二十世紀的一百年內，成功的名人有四分之三都是從小就遭遇窮困、身體殘缺，或者有其他不幸際遇的。相對於此，大多數人都認為自己很正常也很平凡，如此便慢慢度過了一生。談到命運，如果多了這一層理解和體會，會讓自己更能勇於面對困境，其實是比較健康的。所以，人不必對自己的命運寄予太多希望，也不要奢望改命或改運。現在流行算名字、改名字，因為很多人認為自己這一生庸庸碌碌沒有成就，都是自己的名字造就的，只要改成另一個名字，從此就可以改變自己的際遇。但就算把名字改變成「劉邦」、「李世民」，也依然無法改變個人的命運。

人的生命要臨到最後一刻，才能真去驗證命運的結果，在沒有結束前，人只要努力就可以了。在談到人生命運的時候，應該想：我不滿意這樣的遭遇，但倘若我可以選擇不同的遭遇，難道就會滿意了嗎？譬如，所謂的「蝴蝶效應」（光是以此為名的電影就已經拍了好幾部），如果我過去少說一句廢話、少做一件錯事，後面的人生或許大不相同；譬如，聯考時填志願，不填這個學校、改填那個學校，後面的際遇一定會不同。但如果一個人的一生發生了改變，同時也將牽涉到周圍的所有人，使他人的際遇也隨之發生改變，這就是「蝴蝶效應」，只是前面稍稍有一點點調整，後來就全盤皆非。如果你改變，可能將來會更好，但不要忘記，改變後，恐怕你周圍的人會更加倒楣；如果別人也跟你一樣，想要改變自己的人生，或許你的遭遇就更慘。很多事情不能做實驗，人生最可貴的地方即是它的一次性——我們不能做實驗，也無法驗證沒有發生過的、尚未發生的經驗。人不能因為自己這幾年過得不好，便認為種種負面的遭遇都是導因於以前的某一個錯誤選擇，所以想要重來一次，那是不可能的事。有些人常說「假如一切可以重來」，但事實上命運沒有「假如」，也許發生在你生命裡的，其實就是最合理的。因為，這正好符合了黑格爾所說的「凡存在的皆是合理的」，只要真正發生的事，一定有它發生或存在的合理條件，事情才會發生。反過來說，有合理的條件，將來就會成為事實。所以，與其抱怨現狀，還不如現在就創造合理的條件，讓自己將來更有機會改變目前不理想的命運。莊子雖然也會講一些關於命運的故事或寓言，但基本上，莊子卻不認為命運可以算得出來，除非人有了欲念。

◎一旦有了欲念，命運就會被別人看出來？

關於這一點，莊子舉了一個生動的例子。在〈應帝王〉篇中，有一個人叫列子，他拜壺子為師。列子最初以為自己的老師功力最高。有一天，他上街看到一個算命的人，名叫季咸，別人稱他神巫，如同我們常說的神算子。人們一看到他就跑，為什麼？因為他算你什麼時候死、算你什麼時候出事，從來沒有不準過，所以大家都對他感到十分畏懼。但是列子對神巫非常崇拜，回去便向壺子說：老師，我以前以為你最有本事，現在發現有一個人比你還厲害。老師聽了便說，請他來為我看相。季咸來了之後看一眼壺子，就出去對列子說，你的老師快死了。列子痛哭流涕，對老師說：老師，算命的說你快死了。老師說：別急，我剛才給他看的是「地相」，「地相」代表「靜」，「靜」代表不動、沒有生命。我給他看這個相，看起來就像沒有呼吸，所以他才會看錯，以為我真的快死了，明天再請他來。

第二天，季咸又來看了壺子，出去對列子說：有救了有救了，還好我幫他看了相。為什麼？我看到他從腳下開始出現一股生機了。列子很開心地對老師說：老師，算命的說你有救了。老師說：我剛才給他看了「天地相通」之相，一股氣升上來，臉色變紅潤了，所以他以為我有救了，明天再請他來。

老師壺子展示的氣色真可謂氣象萬千。第三天他又換一種氣象，季咸一看就說，你們老師今天的表情我看不出來，無法判斷他到底在想什麼，然後便跑掉了。結果，列子進來對老師說，那個人看不出您有什麼樣的命。老師說，我給他看的是「寂然無聲」，就是完全寂靜不動，讓他根本看不出端倪，因為我深不可測，你叫他明天再來。

結果這一次，季咸跑來一看，話也不說，立刻跑掉了。老師說，你趕緊追他。但列子怎麼追也追不上。這一天，老師給他看的相是「完全不離本源」的相，就是完全沒有離開自己的根源，跟孩子一樣，以致季咸根本看不出什麼名堂。

我們總結一下，壺子的相共分四個階段。第一種是「地相」，「地」代表安靜不動，沒有活力；第二種是「天地相通」之相；第三是「寂然不動」；第四是「不離本源」，所以算命的人無法辨識出任何線索。壺子於是教訓列子：一個人因為有了欲念，才會讓別人看得出來。一般算命的人是看臉上的神情來揣測對方的命，譬如，我們看到很多在路邊算命的人，一見路過的人就問：你是不是有心事啊？女生往往是感情問題，男生大都是就業困難。這些判斷，來自過路人臉上表露的跡象，他講個三、四點，看看在某一點有了反應，接著察言觀色，就能進一步得到更多的信息。

◎人在日常生活中也會反映不同的氣象，分別表現不同的特徵，壺子最後一種面相讓季咸感覺害怕，這是不是也跟欲念有關？

道家思想的核心概念是「道」，要了解什麼叫「道」，最好的方法就是將「道」理解為整體，宇宙萬物皆在整體之中。人在「道」裡就像魚在水裡，根本就沒有任何成敗得失可言，任何一種遭遇，就像各種條件的變化，沒有什麼理由可以說明，只能了解它、接受它。與其詛咒命運，不如了解命運。孔子認為：人要「無欲則剛」，其實很有道理。

然而，只要無欲就能改變命運嗎？有關欲望的問題，可以分由兩方面來看，一是自我中心的欲望，一是非自我中心的欲望。人不可能沒有欲望，但要盡量把自我中心轉化為非自我中心。所謂的非自我中心，就是類似希望國泰民安，祈祝人人快樂。如此才不會跟別人發展為緊張的競爭關係，也不會過分計

較「你得我失，你失我得」。如果是自我中心的欲望，一切利害得失以為自己為準，只希望自己有好的福報，只追求自己能夠避開所有災禍，則根本不用透過算命，別人一眼就看得出來。稍稍聊天之後，比較敏銳的人或許就知道你有什麼想法、有什麼欲望，因此便有機會對你乘虛而入。

人應該避免的就是「私欲」，那麼如何才能減少自己的私欲？有一句話說，人吃多少、用多少都是命定的。這句話雖然有點消極，但也自有其道理。通常我們覺得，自己的命跟別人比起來就是比較差！但是別忘記：如果身分互換，說不定反而會喜歡自己原來的樣子。因此，當你羡慕別人時，代表你自身有所欲望，而將欲望的事情或對象想得太美好，以為得到了自己欲望的對象或狀態後，就會擁有理想的幸福生活，但事實卻不然。命運是許多不同遭遇的集合體，沒有這些遭遇，還會有另一些遭遇，當你抱怨自身遭遇的時候，往往是過度美化了別的遭遇，卻未必反映了實情。

◎莊子不太相信算命，他認為，算命無法真正解決現實問題。然而，有時莊子在他的理論中又表現得像個宿命論者，命運對他來說也是一種自然，一方面要順其自然，另一方面又不相信算命，這樣是不是有點矛盾？

莊子基本的處世態度其實就是三個字——「不得已」。莊子有關「不得已」的說法真是前無古人！一般我們講「不得已」，就是委屈、無奈、不得不做、形勢比人強。莊子闡述的「不得已」卻是指：當條件成熟時，就順其自然。所以，重要的不是怎麼去做，而是怎麼判斷條件是否成熟。為了判斷條件是否成熟，必須充分了解人情世故。莊子是一位天才，他沒有做過大官，但他了解做大官的實情，而且描寫得非常生動。談及政治險惡，論及為官者如何與國君相處，莊子都有非常細緻的觀察。無論你是否相信算命，重要的是：你還是你！應該了解哪些行動的條件是不是成熟了，該怎麼行事，而不是刻意對抗它。人最怕把心力耗費在不必要的對抗上，即使對抗了一陣子，最後還是得順從。與其如此，還不如靠智慧先行判斷，等到條件成熟了，自然水到渠成、事半功倍。莊子認為這樣才是最好的選擇。

說到算命，很多人會想到《易經》。《易經》裡最重要的觀念是「修德」，因為「止謗莫如自修」，要阻止他人的誹謗，最好的方法莫過於「修身」。古代有「太卜」之官，即是占卜的專家，像前面提及的白龜托夢，後來請太卜來占筮該不該殺龜。太卜就是用《易經》來占筮，占筮後便會得到一個結果。但在《易經》的所有觀點中，有兩個重點我們需要特別注意，第一，「天道無吉凶」，天道宇宙的運行，沒有吉凶的區分；《易經》有八八六十四卦，每一卦都不能少，你說某個卦不好，但少了它，那就不成《易經》了。第二，「吉凶來自人欲」，所以《易經》強調修德，修養德行時，人的欲望就會慢慢降低，從自我中心轉到非自我中心，這就是修德的效果。例如，謙虛納百福，即是很好的修養之道。

◎如果真有命運，面對際遇該抱持怎樣的態度？

面對命運時，一個人的態度最為關鍵。譬如，現在發生了地震，兩個人損失一樣多的財產，第一個人抱怨老天不公，地震發生讓自己的家垮了；第二個人則說，好險，我還有命在，房子垮了沒關係，再蓋就好。面對遭遇的不同態度，基於每個人的認知和心理準備，而有不同的反應。所以，要如何面對命運呢？談到算命，我還是送給年輕朋友八個字：「比上不足，比下有餘。」命再怎麼不好，比起落後地區，甚至戰亂中的人，不知已經好了多少倍！同時，再怎麼命好，比起發達國家的國民年均所得三萬美金，還是差太遠了！命運其實並沒有好壞之分，關鍵在於自己怎麼看待。另一種說法則認為：算命是為了替自己的遭遇找到理由，譬如，有妻子被丈夫欺負了，算命的人告訴她：妳上輩子虧欠他，此生是來還債，這樣一聽，她心裡就平衡多了。中國人算命，有點類似西方人找心理醫生開導。西方人也有各種煩惱與抱怨，需要尋求心理醫生協助。心理醫生的那一套手法往往從解夢開始，舉凡一個人小時候的遭遇，甚至包括前世的各種事件都拉進來，目的就是要讓人感覺一切經歷、一切遭遇都是有理由的！一個人活著，最怕找不到理由；有理性就會想追尋合理的解釋。心理醫生就是在這個方面提供協助。算命先生用我們傳統的方法來算命，也可能提供顯著的成效，為人生的際遇提供一些有效的解釋，但這些都只能作為參考，一旦過度相信就成了迷信，迷信的損失恐怕是難以估計的。

◎如果是為了心理平衡去算命，事後又真能獲得心理平衡的效果，其實也未嘗不是不好的結果。但算命本身並沒有特別的科學依據，究竟是什麼因素支配或影響著人們的命運？

有句話說：「一命二運三風水，四積陰德五讀書。」這句話可以修正我們對命運的觀念。一般來講，「命」是不可改變的，但「運」卻可以改，「運」就是不斷在運行之中，可以透過修練來進行調整。人可以「改運」，卻不能「改命」。而風水則與自然條件、身體健康、事業順利有直接關係。我們在此強調的是第四點「積陰德」，「陰德」就是為善不欲人知，做好事不讓別人知道，就不會存有得失心。心就像一畝田，不斷種善因、結出善果。第五是「讀書」，由讀書拓展見識，可以選擇自己的人生，超越「命」與「運」的限制。讀書的目的不是為了讀書而讀書、讀到變成書呆子，也不是為了讀到碩士、博士；讀書的目的，是為了懂得做人的道理，多瞭解各種不同的觀念，有了這樣的能力，就會過得比較愉快。所以，積德與讀書是命運之中自己可以掌握的部分，若是靠命、靠運、靠風水，反而不見得那麼有把握。一個人除了命運之外，還有很多地方掌握在自己的主動行為之中，這是我們從「人有命運」這件事裡可以學到的。

◎有一個關於命運的寓言故事。一頭驢子掉到枯井之中，在井裡淒慘地嚎叫了好長一段時間，驢子的主人在井口急得直打轉，就是沒辦法。最後他決定，驢子已經老了，枯井也早該把它填起來了，不值得特別花力氣去救驢子。於是他把鄰居都叫來，一起拿土去填井。驢子彷彿意識到怎麼一回事，很快就安靜了下來，因為每一鏟的土填下去以後，實際上也是把驢腳下的土給墊高。最後，驢子慢慢接近了井口，往外一跳，擺脫了厄運的糾纏。這個寓言是不是正說明了：命運掌握在自己手裡？這則寓言，對我們來說有何啟發作用？

這就像我們所說的「逆境智商」。這頭驢子具備很高的「逆境智商」，身處困境之中，持續地哭叫其實於事無補，別人要牠死，牠要想辦法活下去，所以利用別人給予的條件來為存活掙扎，這就是置之死地而後生。當然，這不過是個寓言，驢子不太可能擁有這麼高的智慧；但對於我們來說，必須學習善加運用所有負面的命運與遭遇，以此激勵自己，勇於承受各種不同的考驗，將來才能展現更好的實力。我年輕時有個座右銘：我不能改變命運，但我可以改變自己面對命運的態度。一旦面對命運的態度改變了，我便可以從「忍受」轉成「接受」，最後再轉成「享受」，我把這稱作「三受主義」：所謂的「忍受」，就是必須承受自己所經歷的苦楚，並且理解就算沒有這種苦楚，也須面對別的苦楚，年輕人要讀書、升學，第一件事就是必須學會「忍受」。其次則是「接受」，「接受」牽涉到理解。人活在世界上，總是想追求快樂，但快樂往往遙不可及。每一個人在不同的年齡，就須承擔不同的痛苦，有了這一層體會，就會願意接受自己面臨的情況。最後才能好好「享受」，「享受」就是苦中作樂。譬如，我常對年輕的學生說：你既然已經了解自己必須讀書，就要設法從讀書裡面得到快樂，反正既不能離開教室，也無法逃避升學，為什麼不認真學點東西，好好享受學習的快樂呢？這就是「忍受」、「接受」與「享受」。人到中年時也是一樣，周遭發生的事大都已成為定局，很難再去改變了，於是只能改變自己的態度，從忍受、接受到享受，珍惜每一天所發生的一切事情。

總而言之，命運還是掌握在自己手中，決定性的關鍵在於人的「態度」——我們不向不好的命運屈服，也不對好命過度欣羨，如此才可正面而妥善地接納及珍惜自己的生命。

延伸閱讀

1.《莊子．應帝王》

壺子曰：鄉吾示之以未始出吾宗。吾與之虛而委蛇，不知其誰何，因以為弟靡，因以為波流，故逃也。然後列子自以為未始學而歸。三年不出，為其妻爨，食豕如食人。於事無與親，雕琢復朴，塊然獨以其形立。紛而封哉，一以是終。

2.《莊子・外物》

宋元君夜半而夢人被髮窺阿門，

曰：「予自宰路之淵，予為清江使河伯之所，漁者余且得予。」

元君覺，使人占之，曰：「此神龜也。」

……

曰：「殺龜以卜吉。」乃刳龜，七十二鑽而無遺筴。

仲尼曰：「神龜能見夢於元君，而不能避余且之網；

知能七十二鑽而無遺筴，不能避刳腸之患。

如是，則知有所困，神有所不及也。

雖有至知，萬人謀之。魚不畏網而畏鵜鶘；去小知而大知明，去善而自善矣。嬰兒生無石師而能言，與能言者處也。」

4.《莊子・徐無鬼》

子綦有八子，陳諸前，召九方歅曰：「為我相吾子，孰為祥？」九方歅曰：「梱也為祥。」子綦瞿然喜曰：「奚若？」曰：「梱也將與國君同食以終其身。」

子綦索然而出涕曰：「吾子何為以至於是極也？」

……

無幾何而使梱之於燕，盜得之於道，

全而鬻之則難，不若刖之則易，

於是乎刖而鬻之於齊，適當渠公之街，然身食肉而終。

第七講

書與智慧及孩子的教育問題

- 莊子是個崇尚讀書的人嗎？
- 莊子說「吾生也有涯，而知也無涯，以有涯隨無涯，殆已」，是不是一種消極態度？
- 莊子如何教育孩子，他的教育觀點為何？
- 父母想讓孩子快樂，該怎麼做？
- 莊子認為教育的根本在哪裡？

讀書，是我們認識現實的重要一環。從學齡開始，閱讀就是人與現實的重要連繫方式，孩子們為了念書，背著沉重的書包上學，書包有時候甚至比孩子的體重更重。現在到學校門口去看看，有的孩子因為書包太重，就用拖行李的方式拉著跑，看起來反倒像出遠門了！家長雖然心疼孩子，卻也不敢讓孩子輸在起跑線上，使求學成為一件越來越辛苦的事情，關於學習與讀書的教育問題，莊子是怎麼看的？

◎莊子對讀書抱持什麼態度？他是崇尚讀書的人嗎？

這確實是個好問題。司馬遷在《史記》中，形容莊子「其學無所不窺。」換句話說，莊子是任何書都看的。古代所謂的「學富五車」主要是五本書（《詩經》、《書經》、《禮經》、《樂經》、《易經》），當時，書冊的載體是沉重的竹簡，五本書差不多就裝滿五輛車了。莊子生在戰國時代，書籍肯

定已經很多了，無論如何，莊子一定有其求學的方法和目的，值得我們參考他面對知識的態度。

莊子對於「書」的態度非常明確，他認為，書讀完之後應該消化，讀書只有一個原則，就是讓古代的智慧傳承下去。如果是為了別的目的，像後代的讀書人為了應試科舉、考取功名，父母希望小孩出人頭地，那就另當別論了。顯然可見的是，莊子對讀書的態度跟現代的思維有相當大的落差，他很明白地指出：書是「糟粕」。

一般而言，我們認為書本只是載體，它所承載的是智慧。如果沒有分清楚知識的本體和呈現的形式，光是死記硬背，考試高分，以為這樣就是讀書，就正好只是取用了莊子所謂的「糟粕」。多少人離開學校之後還記得以前背過的課文？某些知識甚至一輩子都用不到！在〈天道〉篇中，有個寓言可以闡明莊子的想法，有一天，春秋五霸之一的齊桓公正在堂上讀書，底下有個做輪子的人，名叫扁，莊子稱之為「輪扁」。輪扁問：君上，您在讀什麼書呢？齊桓公說：我讀聖人的書。輪扁又問：這聖人現在還在嗎？齊桓公說：當然不在了，聖人是古代的大人物啊。輪扁接著說：君上，那麼您讀的不過只是糟粕而已。齊桓公聞言大怒：寡人讀書，你一個工人也膽敢如此評論，若不說個道理出來就殺你！

輪扁答道：我一輩子做輪子，做輪子的工法，是研磨中間放置軸承的地方，磨得快，將來輪子裝上去就容易滑動不穩；磨得慢，又會卡得太緊，輪子跑起來也不夠暢快。所以要不徐不急，得之於手，應之於心，也即是我們所說的「得心應手」。手很習慣之後，心裡做事就有數，什麼時候該快，什麼時候該慢，都能一清二楚。我不能將這一套技術傳給我兒子，因為必須自己親手操作過，才能真正有所體會。古人的智慧就像我把做輪的訣竅用語言表現出來一樣，不過只是淪為糟粕而已，因為知識的精華只能得之於心，古人的心得是寫不清楚的，所以君上讀的正是糟粕。

「實踐出真知」的道理正在此處。依此而論，書都不需要了，既然是糟

粕，那讀書到底還有什麼用呢？關於這一點，我們必須抱持保留的態度。因為莊子本人「其學無所不窺」，他的學問之廣，幾乎達到無書不看的程度。但莊子為什麼沒有陷入自己所批評的狀態呢？其實，正因為他讀了太多書，才知道書上寫的東西很多只是別人的心得，轉變成客觀知識後，便與心得脫節了，無法真正在現實脈絡中發揮作用。就像我們常講的：要得到智慧，只能仰賴別人的智慧所憑藉的理論，但往往對別人來說是智慧，對我來說可能只是糟粕，因為或許別人的個人心得，對我來說根本用不上。所以，我們應該要學習莊子，對知識抱持更開放的態度，該讀什麼就去讀，而不執著於表面文字上。如果斤斤計較「考試考幾分」、「考上什麼學校」，或是太在乎書上的內容懂了多少，不過只是買櫝還珠，無法真正領悟書中的智慧。因此，若把書當作智慧本身，就容易忽略實際生活的體驗。莊子寧可在現實中體驗生活的道理，而不是像現在的孩子，從小就戴著眼鏡，一天到晚讀書，放棄體驗真實世界的機會，最後成了書呆子，長大後進入社會，四處碰壁，然後心生後悔，覺得自己當初若是少讀一點書，說不定還能多通點人情世故。

◎有時，「人生識字糊塗始」真的會應驗在過度仰賴書本的人身上。但許多情況可能不太相同，譬如杜甫「讀書破萬卷，下筆如有神」，他要寫出好詩，不讀書恐怕就無法修練文字上的技巧了。另有一種人，書讀得不錯，實踐起來卻差強人意，譬如「紙上談兵」的趙括，自幼熟讀兵書，真正打起仗來，卻不諳戰場情勢，這是否代表了讀書的效用因人而異？

這是兩個完全不同的例子——杜甫寫作時，必須吸收書中精華，消化之後，轉化為驚人的文學才華。而趙括的情況就不同了，他讀的是兵書，知識的兌現是要落實在戰場上的，沒有足夠的實踐經驗該如何以寡敵眾？若訓練不足，又怎麼跟敵人的精良部隊對抗？這就不是書讀得好不好的問題了。這樣說來，趙括恐怕是選錯行了，如果他在軍事學校擔任教官，肯定非常適合。莊子不是一概否定讀書的價值，認定讀書無用；他認為，讀書應該能以知識結合現實情況，讓知識和實踐發生關係。

我曾在美國耶魯大學就讀，記得有一年校長在畢業典禮中說了三句話，他說：你們在大學求學，要做三件事：第一，要「學習」，第二，要「理解」，第三，要「品味」。學習的重點在於對學習的內容要透徹理解，「學而不思則罔」，光是學習卻不思考、也不試圖理解，就算學了也容易忘記；理解之後，還要能實踐，才能進一步好好品味所學。「品味」這個詞的英語是enjoy，如此一來，讀書才能變成一種享受。書本與生活結合為一，便可以改變你的生命景觀，這樣一來，讀書不再只是單純為了考試升學，還可以幫助你擴充眼界。一個人要有成就，必須仰賴讀書；不讀書根本不知道世界是怎麼一回事。像亞歷山大大帝的老師，就是有名的哲學家亞里斯多德。這位大哲學家教導了學生亞歷山大一件事，就是要他眼界開闊。因此，亞歷山大當了帝王之後，便想統一天下，雖然最後英年早逝，但至少做了一件事：他到任何一個地方，都把一車一車的珍禽異獸運送給亞里斯多德做實驗，所以，亞里斯多德開創了很多西方的知識體系，如動物學、氣象學等。由此可見，讀書確實可以幫助我們了解自然界與人類世界，知道面對什麼處境時，應該採取什麼行動。

◎莊子有一種對於學習的態度讓人費解，他在《莊子．養生主》中提到：「吾生也有涯，而知也無涯，以有涯隨無涯，殆已」，這是不是一種對求知的消極態度？

其實這樣的見解並不消極，而是一種客觀的描述：生命是有限的，知識是無限的，用有限的生命追求無限的知識，不但沒有希望，還會疲累不堪。我在美國讀書期間，每次走進大學的圖書館，見其藏書量之大，每每心中不免悵然——這麼多書，再怎麼努力也讀不完。這樣的實情又說明什麼？人生的意義

又何在？在浩瀚書堆之中嗎？或者，書也不過是古代生活經驗的一種體現？與其在書裡追逐人生的真理，不如在實際的生活中認真體驗，一如莊子不反對讀書，但卻反對讀死書與死讀書。

許多現代人恰恰曲解了莊子的原意，在圖書館或者中小學教室的牆上，常貼著「生也有涯，而知無涯」的標語，按照這樣去脈絡化的語意來闡述，將莊子的想法理解為「學海無涯苦作舟」，就是創造性的誤解了。畢竟，書是讀不完的，老師引用此語來勸導學生用功，但原文的意思是：再怎麼用功，都沒有希望。

莊子的觀點中還是具有一定程度的建設性：不要光讀書，要多實踐。但古代的讀書方法一般來說是多讀成誦、倒背如流。一本書翻來覆去，背得滾瓜爛熟，彷彿這麼做了，便能理解、明白其中的道理。歷來，治學傳統似乎比較輕視實踐的重要性，對於讀書態度，和莊子同一個時代的孟子也說過：「盡信書，不如無書。」如果完全相信書上寫的內容，還不如拋開書本。書中的內容有時太過誇張，有時不盡全面，只是呈現作者片面的觀點，有時則是特定的觀察，或個人的特殊經驗，寫成文字後，讀者若誤以為書裡所寫的便為真實，忽略了時空條件與個人資質的差異，倘若依循書中內容，一意孤行地實踐，不見得能得到同樣的結果。

書的知識內容可以簡單分成三類。第一類的知識涉及做人處事的哲理，讀完書後，我雖然年輕，卻可以知道成人間怎麼來往、古人怎麼相處，從中懂得了做人處事的道理。第二類知識是必須藉由親自操作來體現，例如：書中記載了很多開車的技巧，但如果不真正坐上駕駛座，研究得再多也沒有用。第三類則是一般性的知識，友人相處來往，聊天時大家或許談起天文、地理等等新知識，如此才可符合孔子說的「友多聞」，即透過結交博學多聞的朋友來增長見識。如果把以上三類知識分成「做人處事」、「見聞或客觀知識」、「實際的操作能力」，莊子顯然較偏重第三類。所以，莊子才會提到很多老人家一輩子專心投入一種技術的演練，最後將從事的工作開展為一種藝術，進入化境，讓

別人驚訝讚嘆。

如果持續依此推論，恐怕會遇到很多人反對，我們一直有「勞心者治人，勞力者治於人」的傳統思維，所謂「士農工商」，「士」排第一，因此「學而優則仕」，若荒廢了學業也不妥。其實，「學而優則仕」是古代的社會情境，這句話是子夏說的，他也說「仕而優則學」，官做得好，但感到自身有所不足，應該再投入學習。古代社會只有少數人研習學問，並且由修業進而走上做官之路。所以古代士大夫所學的是做官的道理，儒家在這方面談了很多，只有將關懷聚焦於此，才能真正知道自己該如何造福百姓，而不只是為個人謀福利。但大多數人沒有機會讀書，沒有機會走上做官之路。這時，就該把自己本行的事情做好。莊子強調，把分內的事情做好，從中一樣可以得到快樂。因為教育不普及，讀書為官在古代並不普遍。對於莊子有關讀書及實踐的考慮，必須有這樣的背景認識。

◎理解了中國的讀書文化，再體會西方文化的教育觀念，譬如，如何鼓勵孩子親自動手實踐，中西方的孩子在這一點上有很明顯的落差，一般印象中，西方的孩子是不是較願意主動學習？如果莊子認為書並無法完整保留或反映人世間的智慧，那麼他認為知識到底該從哪裡得到？

西方社會強調「因材施教」，其實和孔子的主張異曲同工。西方教育強調「做中學」（learning by doing）：親手做了之後，產生了心得，才能真正學到東西。知識本來就分屬於不同系統，有的光知道就已足夠，不可能去實踐，像了解了太空知識後該怎麼辦？根本不可能去太空實踐那些知識。有的是學習之後需要應用、驗證，譬如，開車或其他技術層面的知識，不能實際應用也是徒然。中國古代社會運作的分工明確，大家習慣將讀書人排在最高的位置；事實

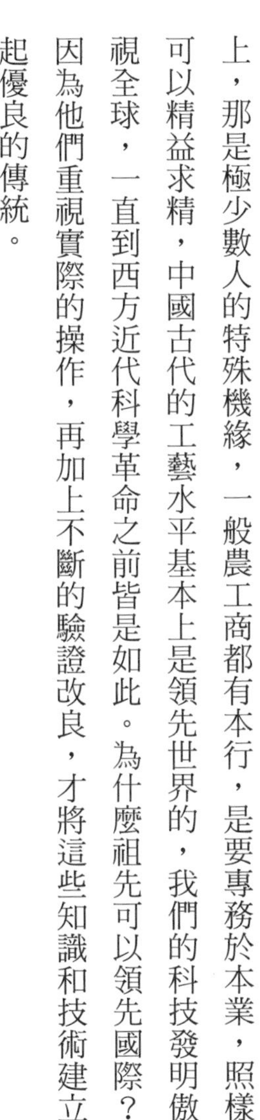

上，那是極少數人的特殊機緣，一般農工商都有本行，是要專務於本業，照樣可以精益求精，中國古代的工藝水平基本上是領先世界的，我們的科技發明傲視全球，一直到西方近代科學革命之前皆是如此。為什麼祖先可以領先國際？因為他們重視實際的操作，再加上不斷的驗證改良，才將這些知識和技術建立起優良的傳統。

英國的生化學家李約瑟寫了一套書《中國科學技術史》，第二冊專門談論中國科學思想的來源，並引用了《莊子・知北遊》中，莊子與東郭子的對話。東郭子問莊子：「道」在哪裡？莊子說：「道」無所不在。在東郭子繼續追問之下，莊子回答說：「道」在螻蟻（螞蟻）身上、在稊稗（雜草）上、在瓦甓（瓦片）裡、在屎尿（排泄物）中。東郭子嚇得不敢再問了。李約瑟引用這段話，認為莊子具有科學精神。我最初讀到時也愣了一下：為什麼莊子有科學精神？科學家不會對物質客體做過度的主觀評價，而只研究客體中的分子、原子或電子，他不做非科學的判斷，並且認為，凡存在之物皆為我研究的對象。

科學家在進行研究時，不該加入私人的情感好惡。莊子對「道」的推衍如此精彩，這樣的道家精神後來延伸為道教的煉丹傳統，煉丹有如古代的化學實驗。從「道」的精神引導出一種科學的實踐，與莊子所啟發的「知識無所不在」可以互相聯想。中國古代四大發明中，火藥就是煉丹的產物。過去文人寫史，多半是延續既有的史學體系，忽略身邊很多不同領域的實踐者已經達到了高妙的境界。

◎實際來看，過去也有不在書籍系統中的知識，這些知識透過非書籍的方式不斷傳承，使一種技藝在不同時代間傳遞、更新，但是歷史卻很少記載。做為家長，該以怎樣的理念面對孩子的學習狀況？

很長一段時間以來，中國文化偏重以讀書求取功名的路線。明代哲學家王陽明十二歲時，就問他的私塾老師：什麼是人生第一等事？老師說：讀書考狀元。王陽明說：好像不是。老師嚇了一跳，才十二歲的孩子居然有不同見解。於是便問他認為是什麼？王陽明說：應該是成為聖人。這就是兩條不同的路線了：一條是考取功名，一條是成聖成賢。每隔幾年才有一個人考取狀元；但成為聖人，則人人都有可能，只是不容易做到罷了。此外，還有第三條路，就是我們這裡強調的「工匠、工藝」。現在，我們看到的很多國寶，其實都是出自工匠的技藝結晶。為什麼我們欣賞國寶時，往往忽略了它們的製作過程？談到子女的教育也有類似的盲點。我常常思考一件很有意思的事：一個人如果從小不讀書，說不定反而會在其他領域展現出特殊成就。譬如，麥可・喬丹籃球打得特別好，但他會讀書嗎？老虎伍茲書又讀得如何呢？國內有很多運動頂尖好手，若你問他數學考幾分？他可能會跟你翻臉的！這個社會有時是矛盾的，我們一方面要求每個小孩用功讀書，等孩子讀到體力不支的時候，又讓孩子去運動，最後卻又推崇運動員的社經地位。也許，你的孩子可能在工匠、技藝上有天分，只要經過長期訓練，假以時日便能出類拔萃。要訓練孩子的技藝功力，一定要在國中前開始，到高中之後恐怕就來不及了。許多大師不是靠讀書冒出來的，各行各業都有專家與大師，他們更多是經由實踐而成就自己的。

◎父母該怎麼教育自己的孩子？應該把重點放在哪裡？

莊子思想屬於道家哲學，對教育採取比較自由的態度。今天，很多父母希望孩子比自己更強、比自己更快樂，但如果單走升學這條路，一味地讀書、考試，很少有孩子會真正感到快樂。即使書讀得很好，進了明星學校，發現每一個人都是優等生！然後，還沒上大學就已經自信不足了。會讀書的高手如雲，孩子怎麼辦呢？所以，父母最好把人生看成長程賽跑，要培養孩子某一方面的才能，就要從小開始耕耘。

人生是一個長程的馬拉松賽跑，如果只想著小時候不要輸在起跑線上，很

可能忽略了最後堅持到底的人才是贏家。所以，應該要培養孩子一種性格，這種性格和讀書沒有直接關係，而是屬於一種內在的信念，它能讓孩子自己體認到人生的價值觀，這種價值觀將會陪伴他一生。孩子在學校頂多二十年，但在社會上必須生存五、六十年，請問該重視什麼樣的價值觀？

◎父母想讓孩子快樂，該怎麼做？

莊子很少提到孩子教育的問題。他覺得，大人應該向孩子學習，和孩子一樣就會快樂。舉個例子：有一次，一位母親問她的孩子：如果你是媽媽，該怎麼做才可以讓像你這樣一個十一歲的小朋友快樂？孩子怎麼說呢？他說：妳只要做一件事就可以了，就是別讓我覺得無聊。於是，這位母親問我：傅教授，怎麼做才能讓十一歲的小朋友不無聊？我說：我也不知道，因為每一個小孩情況不同，現在的孩子喜歡上網玩遊戲，父母就得分辨哪一種遊戲比較健康。孩子既然喜歡玩網路遊戲，父母要花點心思，和孩子約法三章。

父母對孩子不能硬著來，抬出家長的架子，一味霸道地要求孩子照自己的意思辦。到最後孩子只能陽奉陰違，反而是不好的。父母要先順著孩子，再給他一條路走，跟他討論這樣做好嗎？譬如，父母往往會擔心小孩崇拜偶像，這時可以參考西方的一句話：「打不過就聯手。」父母不妨從孩子的偶像身上尋找一些優點，如敬業精神、孝順、講道理、做公益等，再提醒及建議孩子可以起而效法。

◎莊子認為教育的根本應該在哪裡？

教育孩子，基本上要先順從孩子的本性，不要直接否定孩子既有的心態，否則對他形成一種傷害，最後即使成功，恐怕也得不償失。對於父母來說，最多只是事倍功半，辛辛苦苦經營了半天，卻達不到預期的效果。

莊子在〈馬蹄〉篇提到一個我們熟悉的故事：「世有伯樂，然後有千里馬」。他說，伯樂很厲害，一看就知道哪一些馬有望成為千里馬；於是他開始訓練選中的馬匹，但這個過程其實違背了馬的本性。莊子說，馬平常就是吃草、喝水，高興時交頸相摩；生氣時怒目相踢。這些馬在原野上跑來跑去，逍遙自在，一旦到了伯樂手中，就改成住在柵欄裡分批訓練，到達某個標準之後又被裝上馬轡、馬鞍，全套裝備放上去後，馬的本性就去掉一大半了。一匹最後脫穎而出的賽馬，背後不知道有多少匹馬被淘汰掉了，這樣對馬來說公平嗎？馬一定也覺得很痛苦。通過莊子的故事我們便能體會：對待孩子當然不能像對待馬、牛這些動物一樣，該給孩子什麼教育，應該按照規矩來，盡量不要增加額外過多的補習和才藝學習，不能什麼都要，否則等於把孩子當成千里馬來對待，最後恐怕要付出慘重代價的。

現在很多家長都想把自己的孩子培養成千里馬，但卻沒有反思：這匹「馬」願不願意成為千里馬？我們要知道，千里馬日行千里，夜行八百，那該有多辛苦！至於一般的馬，養在馬廄裡面，遇到急事也不會找牠，因為什麼難事都使喚千里馬了。這也是莊子透過反對伯樂，來表達反對過度治理的觀念。莊子認為，世事應該從長遠的整體來看。舉個例子：當父母還年輕時，孩子很年幼，父母拚命培養孩子，卻沒有想到如果孩子太傑出，自己的晚年反而會變得落寞。為什麼呢？因為傑出的孩子長大之後，恐怕必須勞心勞力去為公眾服務。

有一對老夫婦有八個孩子，全在美國求學，每個都拿到了碩士以上的學位並定居美國，還有一個當上了中研院院士，個個都很有成就，但兩老卻沒有人照顧。最後，子女請他們到美國來住，他們去了一年就回來台灣，說是不願意當游牧民族：這一家住一個月，那一家住兩個月，無法穩定生活。不久，老太太過世，留了一張紙條給老先生，上面寫著：「你還是跟我走吧。」不久，老先生也過世了。

這對老夫妻年輕時努力栽培他們的孩子，孩子長大之後想要孝順，也想拚事業，真是兩面為難。因為既是人才，就不能只顧自己，必須要負擔更多社會責任，比如：實驗室裡的主管工作，要替很多人策劃，而他的父母該怎麼照顧？譬如，我的父母有七個孩子，最孝順的是我書讀得不怎樣的妹妹。我們書稍微讀得好點的孩子總是忙得要命，只有周末放假回家陪父母打個麻將而已，平常父母生病，都是由妹妹相陪照顧。

這麼說，並不是反對讀書，我自己也是靠著讀書來發展自我的。我的意思是，必須從整體來看事情，不能只在乎「孩子你要比較強」，卻忘記了「孩子你要比較快樂」。

◎那麼，孩子如何才能快樂？應該以怎樣的方式來培養孩子？

人生很多困局都來自於觀念上的問題。如果你的孩子不喜歡讀書，你要設法讓他瞭解讀書的趣味在哪裡。你可以介紹一些喜歡讀書的長輩和朋友給他，幫助他培養讀書的興趣，畢竟，不到某一個階段，孩子也不可能自動領悟。我們常問：你開竅了沒有？一旦開竅了，不需要別人管理，孩子也會自己讀書；如果還沒有開竅，高壓管制也不過事倍功半，再怎麼逼也沒用。所以，我們學習莊子思想時要謹記：肯定當下的生命，不要老想著將來，要掌握現在、珍惜今天！子女都健康活潑，即使考試不理想，但一家人能聚在一起開心吃飯，那就好好享受此時此刻吧！這種態度能讓生命趨於和緩，事事皆有緩衝的餘地，沒有過多的壓力。有些父母把子女成績好壞當作唯一的判斷標準，這對孩子不盡公平；其實，孩子也很想讓父母滿意，也很想拿第一名，但是考不到實在不能勉強。況且，不可能個個孩子都是第一名！父母應該希望孩子快樂，而不是希望孩子比自己強，快樂在於每一天、每一件事、每一種情況的當下時刻，都能夠彼此接納、相互理解，大家相處自然愉快。

家長也許會擔心，孩子天性頑皮好動，要是真的順應孩子的本性，讓他快樂生活，是不是就放任不管了？其實，在現實生活中沒有人可以完全控制另外一個人，父母只能做一些預防措施。孩子不喜歡讀書，父母也不必過度擔心，因為，不喜歡讀書的孩子進入社會而大有發展的大有人在。如果能編一本書，記錄那些不讀書卻成就非凡者的經歷，或一輩子快樂知足的人物故事，肯定會使很多家長受到啟發。

莊子〈逍遙遊〉篇中，有一個關於「放任自在」的故事：魏王送給惠施葫蘆種子，種子結成了一個大葫蘆，但結得太大了，惠施覺得沒有用處，往裡面裝水，它自己撐不住；把它剖開當瓢，又沒有這麼大的水缸；砸碎了又有些可惜。莊子於是建議惠施：乾脆把它綁在腰間當游泳圈，到江海上去遨遊。很多人說：這怎麼算是答案呢？其實，這是一種不同的生活態度，就是看待任何東西，不要只著眼於實際作用，而要看它的大用。在莊子眼裡，不只有人是「天生我才必有用」，天生的每一樣東西也都有其用。甚至，無用之用，是為大用。因為一般講「用」的時候，談到的是人類想出來的少數用法，卻往往沒有讓觀念回歸到物的本身。一個物既然存在，就一定有它的用處，像現代便有一些垃圾或廢物可以再利用，或者重新提煉能源。

如果我們把人當作尚未開採的礦產，那麼與其讓他動彈不得，不如給他另一條路走。不要把讀書、升學、考試當作唯一的路，更要注意到其他方面。人有三個方向可以考慮：一，是讀書找工作；二，是培養德行，與人相處的品質才會改善；三，是發展專長技藝；所謂萬貫家財，不如一技在身。這樣一來，我們才能平心看待讀書這件事。另外，在社會上立足就業後，更應該養成讀書的習慣，因為這時讀書不是為了學位，不是為了考試，而是為了增廣自己的見聞、提升自己的人文素養。

《莊子・達生》裡有一個故事：魯國的近郊飛來了一隻大鳥，這隻鳥被當作祥瑞的徵兆，魯侯見了很開心，立刻奉上「太牢之禮」，太牢指牛、羊、豬三牲，但鳥怎麼可能吃這些肉呢？魯侯認為自己很夠意思，甚至還為牠演奏最好的音樂，等於給牠最高規格的享受，只希望大鳥能滿意，好好待在魯國。最後，這隻鳥露出憂傷的神色，不吃不喝，不久便死了。

這則寓言告訴我們：如果要養鳥，就要給牠所需要的條件。如果用待人的方式待鳥，對鳥來說不見得好。當冬天到了，很多飼主會讓寵物穿上衣服，我看了都很擔心：這寵物看到別的寵物沒有穿衣服，會不會想：自己為何穿了衣服呢？所以，現在很多心理醫生專門治療寵物，連貓、狗也會有心理疾病，什麼原因造成的呢？絕大多數是飼主的責任！人的主觀意願與想法如果有偏差，以己之所欲對待他人，就會造成各種複雜的困擾或災難。

父母總是希望孩子功課優秀，現在從莊子談到的養鳥故事，我們可以省思：如果父母經常埋怨孩子怎麼搞的？我成天供你吃、穿及各種開銷，為什麼學習還那麼差？孩子聽了，大概也只能露出一臉無奈的表情。

一位著名的法師，在一次演講時，信眾問他：我的小孩書讀得不好，該怎麼辦？法師說：乖就好。接著，另一個信眾又問：我的小孩不乖，該怎麼辦？他說：有就好。法師作為出家人，本身沒有家庭、沒有子女，他講這些話聽起來很輕鬆也很有智慧。的確，在一般人心目中，有孩子比沒有孩子的人更幸運，何不善加珍惜？因此，做父母的要記得，孩子也要為他自己的生命負責；不要老想著：你是我養大的，你該如何回報我。俗話說「玉不琢不成器」，但要根據不同的情況來培養及教育孩子，如此才能讓親子間的相處自得又自在。

延伸閱讀

1.《莊子・養生主》

「吾生也有涯，而知也無涯。以有涯隨無涯，殆已。」

2.《莊子・知北遊》

東郭子問於莊子曰：「所謂道，惡乎在？」

莊子曰：「無所不在。」

東郭子曰：「期而後可。」
莊子曰：「在螻蟻。」
曰：「何其下邪？」
曰：「在稊稗。」
曰：「何其愈下邪？」
曰：「在瓦甓。」
曰：「何其愈甚邪？」
曰：「在屎溺。」
東郭子不應。
莊子曰：「夫子之問也，固不及質。

正獲之問於監市履狶也，每下愈況。
汝唯莫必，無乎逃物。至道若是，大言亦然。

3.《莊子・馬蹄》

馬，蹄可以踐霜雪，毛可以御風寒，
齕草飲水，翹足而陸，此馬之真性也。
雖有義臺路寢，無所用之。
及至伯樂，曰：「我善治馬。」
燒之，剔之，刻之，雒之。

連之以羈馽，編之以皁棧，馬之死者十二三矣；
飢之，渴之，馳之，驟之，整之，齊之，
前有橛飾之患，而後有鞭筴之威，而馬之死者已過半矣！

4.《莊子．逍遙遊》

惠子謂莊子曰：「魏王貽我以大瓠之種，我樹之成，而實五石。以盛水漿，其堅不能自舉也。剖之以為瓢，則瓠落无所容。非不呺然大也，吾為其无用而掊之。」莊子曰：「夫子固拙於用大矣。……今子有五石之瓠，何不慮以為大樽而浮乎江湖，而憂其瓠落无所容？則夫子猶有蓬之心也夫！」

5.

《莊子・至樂》

昔者海鳥止於魯郊，魯侯御而觴之於廟，奏九韶以為樂，具太牢以為膳。鳥乃眩視憂悲，不敢食一臠，不敢飲一杯，三日而死。此以己養養鳥也，非以鳥養養鳥也。

人生困惑問莊子〔第二部〕：工作的藝術及其他

國家圖書館出版品預行編目（CIP）資料

人生困惑問莊子．第二部：工作的藝術及其他／
傅佩榮著．-- 增訂新版．-- 臺北市：
九歌，2020.10
面；　公分．--（傅佩榮作品集；21）
ISBN 978-986-450-313-1（平裝）
1.（周）莊周　2. 學術思想　3. 人生哲學
121.33　　　　109013518

作　　者——傅佩榮
創 辦 人——蔡文甫
發 行 人——蔡澤玉
出版發行——九歌出版社有限公司
臺北市八德路3段12巷57弄40號
電話／25776564 傳真／25789205
郵政劃撥／0112295-1

九歌文學網　www.chiuko.com.tw

印　　刷——晨捷印製股份有限公司
法律顧問——龍躍天律師．蕭雄淋律師．董安丹律師
初　　版——2013年12月
增訂新版——2020年10月

定　　價——260元
書　　號——0110821
I S B N——978-986-450-313-1

（缺頁、破損或裝訂錯誤，請寄回本公司更換）
版權所有．翻印必究　　Printed in Taiwan

國家圖書館出版品預行編目資料

人生困惑問莊子. 第二部 / 傅佩榮作. -- 初
版. -- 臺北市：九歌, 民102.12
面； 公分. -- (傅佩榮作品集 ; 11)
ISBN 978-957-444-916-3(平裝)

1 .(周)莊周 2. 學術思想 3. 人生哲學

121.33 102021414